Montessori-Pädagogik

Christine Holubek

LEBENSWEGE

MONTESSORI-PÄDAGOGIK

Ein Lebensentwurf

Bibliografische Information der Deutschen Nationalbibliothek:
Die Deutsche Nationalbibliothek verzeichnet diese Publikation in
der Deutschen Nationalbibliografie; detaillierte bibliografische
Daten sind im Internet über http://dnb.d-nb.de abrufbar.

© 2011 Christine Holubek
Satz, Umschlaggestaltung, Herstellung und Verlag:
Books on Demand GmbH, Norderstedt

ISBN: 978-3-8448-7383-2

Alles ist ein Ganzes.
Und wenn du etwas ganz fest willst,
dann wird das gesamte Universum dazu beitragen,
dass du es auch erreichst.

Für Stefanie
und alle Kinder dieser Welt

Inhaltsverzeichnis

Vorwort

Es erinnert uns mit diesen Zeilen daran,
dass es zu jedem Zeitpunkt unseres Lebens
möglich ist, einen anderen Weg einzuschlagen,
und ermutigt uns zu solchem Neuanfang.

„Stufen", Heinrich Heine

Meine eigene Entwicklung als Mensch und als Mutter, die den Schritt in die Selbstständigkeit als Montessori-Pädagogin wagte, sowie viele Begegnungen mit Eltern in meinen Kinderhäusern haben mir den Mut gegeben, dieses Buch zu schreiben.

Mit der Unterstützung meiner Tochter und vieler Menschen habe ich Hinweise auf Fragen und Bedürfnisse gesammelt, auf die ich im Folgenden versuchen möchte zu antworten. Erfahrungen und Gespräche bilden die Grundlage dessen, was ich in diesem Buch darlege, sie mögen interessierten Eltern und Erwachsenen, die junge Menschen begleiten, als hilfreiches Werkzeug dienen. Es kann natürlich nicht alles abgedeckt werden, darum werden im Literaturverzeichnis Hinweise zum Weiterlesen gegeben, die über die in diesem Buch benutzte Literatur noch hinausgehen.

Jedes Menschenleben ist in seiner möglichen Vielfalt ein wunderbares Geschenk, das unser aller Wertschätzung verdient. Ebenso wie die Achtung jeder Persönlichkeit, gleich, welches Geschlechtes sie ist, welchem Stand oder welcher religiösen Orientierung sie angehört oder welche weiteren Merkmale sie aufweist.

Es war und ist eine Kunst, nicht zu viel und doch alles zu geben, achtsam und respektvoll jeden Entwicklungs- und Bedürfnisstand zu achten, Hilfe zur Selbsthilfe zu geben sowie niemanden seine Verantwortung abzunehmen und stärkend zu wirken.

So wünsche ich allen einen kurzen Blick ins Paradies der Kindheit, der sich im Leben mit Kindern und – der Arbeit mit Kindern manchmal auftut. *Christine Holubek, 3.2011*

Teil 1: Das Leben

Der Sinn des Lebens

*Der Sinn des Lebens ist ein Thema für Verrückte oder Komiker –
ich hoffe, ich gehöre zur letzten Kategorie.*

Terry Eagleton, Philosoph

Die Frage nach dem Sinn des Lebens haben sich wohl schon viele Menschen gestellt. Seit der Antike denken Menschen darüber nach und Philosophen versuchen, Antworten zu finden. Ob und wie diese Frage zu beantworten ist, muss wohl jeder Leser selbst entscheiden.

Für den Philosophen Terry Eagleton, von dem das obige Zitat stammt, sind wie für viele PädagogInnen nicht die Antworten auf solche Fragen das Wichtigste, sondern die richtigen Fragen selbst, die dann neue Welten und neues Wissen zugänglich machen.

Im Zusammenleben mit Kindern sehen sich Erwachsene oft dieser fragenden Art der Eroberung der Welt gegenüber. Durch die wertfreie Beobachtung von Kindern ist es auch ihnen manchmal möglich, einen kurzen Blick in diese Welt zu werfen. Diese besonderen Augenblicke des Erkennens und Begreifens sehen und erleben zu dürfen, ist ein besonderes Geschenk. Einen solchen Blick in eine von uns Erwachsenen längst verlassene Welt tun zu dürfen, gibt eine Ahnung von der Vielfältigkeit und den Möglichkeiten, die uns offenstehen.

Dieser Glaube an die Zukunft, der sich an den Gesetzen der Evolution orientiert, und die damit zusammenhängende Verantwortung für menschliches Handeln und dessen Auswirkungen auf die

Menschheit, die Umwelt, die Vergangenheit und die Zukunft wird von Mihály Csíkszentmihályi sehr eindringlich beschrieben.[1]

Auch Maria Montessori sieht unsere Kinder als Weiterentwickler unserer Gene und Beobachter unseres Lebens und unserer Liebe als Baumeister ihrer selbst.[2] Mit Dantes Worten, „die Intelligenz, Schaukraft der Liebe", die Kinder dazu – drängt – zu beobachten und zu forschen. Dies sind Fähigkeiten, die Erwachsenen bereits abhandengekommen sind. So empfinden und definieren Kinder ihre Umwelt anders als Erwachsene: „Der Intelligenz des Kindes entgeht auch das Verborgene nicht, eben weil es mit Liebe beobachtet, nie aber mit Gleichgültigkeit. Dieses aktive, brennende, eingehende und dauernde Sich-Versenken in Liebe ist ein Merkmal des Kindesalters."[3]

So bekommt der Satz „Wenn ihr nicht werdet wie die Kinder, werdet ihr nicht ins Himmelreich kommen"[4] eine große Bedeutung. Offen an alles herangehen, Verantwortung übernehmen und achtsam mit sich und anderen umgehen – dann kann das Leben gelingen.

---

1 Mihály Csikszentmihalyi: Dem Sinn des Lebens eine Zukunft geben. 3. Auflage. Stuttgart: Klett-Cotta, 2005.
2 Maria Montessori: Kinder sind anders. 14. Auflage. Stuttgart: Klett-Cotta, 2009, S. 146.
3 Ebd.
4 Mathäus 18,3.

Vertrauen

Das Einzige, was wir wirklich tun müssen,
ist unsere Grundhaltung gegenüber dem Kind zu ändern und
es zu lieben mit einer Liebe, die an seine Personalität glaubt
und daran, dass es gut ist! Die nicht seine Fehler,
sondern seine Tugenden sieht, die es nicht unterdrückt,
sondern es ermutigt und ihm Freiheit gibt.

Maria Montessori

„Um das Leben angemessen zu schützen, muss man seine Gesetze verständnisvoll erforschen"[5], sagte Maria Montessori bereits 1946 in einem Vortrag im indischen Madras. Weiter spricht sie von dem Wunder, das ein Kind durch seine geistige und körperliche Entwicklung bis zur Pubertät vollbringt: „Wachstum ist eine Aufeinanderfolge von Geburten."[6]

Erst durch die Erkenntnisse der Neurobiologie in den letzten Jahren konnten die Ansätze und Konzepte der Reformpädagogen des 19. und 20. Jahrhunderts bestätigt werden. So konnte gezeigt werden, dass, um unseren Kindern die besten Entwicklungsbedingungen zu bieten, gegenseitiges Vertrauen notwendig ist. Die Veränderungen im weiblichen Gehirn[7] während der Schwangerschaft und der Mutterschaft sichern das Leben des Kindes ohne ein bewusstes Zutun der Mutter. Sogar im Gehirn des Vaters sorgen Hormone für das Wohlergehen des Kindes vor.[8]

Das Verhalten der Eltern und das in ihr Kind gesetzte Vertrauen sind die Grundlage für eine gute Persönlichkeitsentwicklung beim

---

[5] Maria Montessori: Erziehung für eine neue Welt. Kleine Schriften, Band 5. Freiburg: Herder, 1998, S. 66 ff.
[6] S. 66 Ebd.
[7] Vgl. Louann Brizendine: Das weibliche Gehirn. Warum Frauen anders sind als Männer. Goldmann: München, 2008, S. 156.
[8] Louann Brizendine: Das männliche Gehirn. Warum Männer anders sind als Frauen. Goldmann: München, 2010, S. 110.

Kind. Alters- und entwicklungsgerechtes Vertrauen gibt Sicherheit und Orientierung. Bei der Bewegungsentwicklung ist es besonders wichtig, das Beobachten des Kindes bzw. sein Reifen abzuwarten, um nicht dann einzugreifen, wenn es das Kind verunsichert. Z.B. birgt zu frühes Klettern, das sich nicht aus der eigenen Erfahrung des Kindes entwickelt, große Unfallgefahr. Da die Kinder dort „helfende Hände" erwarten, wo sie nicht sind, besteht die Gefahr, dass sie stürzen. Genau so ist es beim Rutschen. Kinder erforschen die Rutschfläche, nähern sich ihr von vielen Seiten an, suchen Orientierung und Gleichgewicht. Einem sehr jungen Kind, das einfach auf eine sehr hohe Rutsche gesetzt wird, fehlen entsprechende Erfahrungen und es ist hilflos den Erwachsenen ausgeliefert.

Beim Anbieten von Hilfe ist immer gut zu überlegen: Macht sie stark und selbstsicher oder hilflos? Viele Eltern möchten ihren Kindern Gutes tun und setzen sie großen Anforderungen von Seiten der Familie und der Gesellschaft aus. Aber die besten Möglichkeiten für die Entwicklung einer in sich ruhenden Persönlichkeit hat das Kind, das sich seiner selbst sicher und seiner Fähigkeiten bewusst ist und dem Vertrauen entgegengebracht wird.

Keinesfalls darf dem Kind die Verantwortung übertragen werden, die eigentlich den Eltern zukommt. Kinder leiden darunter und werden in solchen Fällen oft auffällig, wütend und aggressiv, da sie diesen Anforderungen nicht nachkommen können. Manchmal werden sie auch krank davon. Die Erkenntnisse der Kinderärztin Emmi Pikler im Umgang mit Heimkindern bestätigen dies und geben Antworten auf Fragen in der Kindererziehung, die auch heute noch Gültigkeit haben.[9]

Von besonderer Wichtigkeit ist die Grundhaltung der Erwachsenen dem Kind gegenüber. Das Kind bedingungslos zu lieben, ihm

---

[9]   Emmi Pikler: Friedliche Babys – zufriedene Mütter, Herder: Freiburg, 2009.

zu vertrauen, ist die Voraussetzung. Es sollte kein Druck ausgeübt werden, der die Entwicklung des Kindes stört oder verhindert. Darum sollten die Erwachsenen sich bemühen, dem Kind mit dem Bewusstsein der Verantwortung eine altersentsprechende Freiheit für seine Entwicklung zu gewährleisten. Geschieht dies nicht, drohen Vernachlässigung und Orientierungslosigkeit.

Ordnung und Rituale geben Kindern und Erwachsenen Sicherheit in ihrer Beziehung zueinander und die lebensnotwendige Bindung. Wenn Kinder bereits in Kindergruppen oder Kindergärten betreut werden, ist es überhaupt nicht notwendig, dass Eltern zusätzlich einen Kinderkurs nach dem anderen besuchen. Kinder brauchen Ruhe und ein liebevolles Zuhause, wo Eltern Zeit haben, wo miteinander gespielt wird. Sie die Möglichkeit haben, in der oft sehr kurzen gemeinsamen Zeit ihre Eltern zu erleben, und sie lernen können, wie Mama und wie Papa ist, wie eine Frau und wie ein Mann etwas tut. Regelmäßige und zeitliche Abfolge der gleichen Aktivitäten wie das Aufstehen am Morgen, das Waschen, Frühstücken, auch am Wochenende, helfen Kindern, unseren Zeitbegriff zu begreifen und einzuüben.

Fragen wie diese können helfen:
- Welche Gesprächs- und Konfliktkultur wird zuhause gepflegt?
- Wie wird mit Problemen umgegangen?
- Wer gehört noch zur Familie außer den Eltern und den Kindern?
- Wie wird mit Bildung umgegangen? Wird viel gelesen und vorgelesen?
- Reden die Eltern über ihren Alltag, ist Platz und Zeit für Gespräche mit dem Kind?

Sich aufeinander verlassen können und vertrauen, in einer liebevollen Familie zu leben sind tolle Erfahrungen für ein Kind. Das ist durch keine Konsumaktivitäten ersetzbar und kostet nichts.

In Liebe wachsen

„Ich hab dich lieb bis zum Mond",
sagte der kleine Hase und machte die Augen zu.
„Oh, das ist weit!",
sagte der große Hase.
„Das ist sehr, sehr weit."

Sam McBratney

In Liebe zu wachsen, ist die beste Voraussetzung für ein gelungenes menschliches Leben. Neurobiologen und Psychologen stellen immer wieder fest, dass das Vorhandensein von Liebe, Zuwendung und Gelassenheit am förderlichsten für die kindliche Entwicklung ist. Unter diesen Bedingungen kann sich das Gehirn in Ruhe entwickeln und die optimale Basis für die späteren Herausforderungen im Erwachsenenleben schaffen. Dazu gehört auch, eigene Erfahrungen und Fehler machen zu dürfen und immer wieder in die Sicherheit und Geborgenheit der Familie zurückkehren zu können, eine Liebe, die nicht einschränkt und nicht behindert, sowie Weitblick für die kindliche Entwicklung und eine reaktionsbereite Haltung, die Entwicklungsprozesse ermöglicht. Bereits die Reformpädagogen des 19. und 20. Jahrhunderts hatten diese Ansätze in ihre Konzepte aufgenommen.

Eltern erwarten diese emotionale Kompetenz auch von den Menschen, die die Kinder begleiten. Daher findet sich im pädagogischen Konzept Maria Montessoris ein genaues Bild von beobachtenden und achtsamen PädagogInnen. Hier geht es aber nicht um Übernahme der Stellung und damit der Verantwortung der Eltern. Vielmehr muss jeder Erwachsene in seinem Bereich seine ihm zukommende Verantwortung tragen und bei sich bleiben. Nicht andere belehren, sondern auf Ausgleich und Demut in der Begegnung achten, muss das Ziel sein, damit die Entwicklungsmöglichkeiten, sowohl die des Erwachsenen als auch die des Kindes, nicht gestört werden.

Achtsamkeit

Der große Hase legte
den kleinen Hasen in sein Blätterbett,
beugte sich über ihn
und gab ihm einen Gutenachtkuss.
Sam McBratney, Anita Jeram

Für mich ist Achtsamkeit eine innere Haltung, die einen behutsamen Umgang mit allem Belebten und Unbelebten, mit mir selbst, meinen Bedürfnissen und Wahrnehmungen anstrebt. Bei der ich mich bemühe, im Austausch mit meiner Umwelt aktiv, absichtslos, reagierbereit und anwesend zu sein. Mit all meinen Sinnen achte ich bewusst und unbewusst und nicht wertend auf alle Phänomene, die mir meine Wahrnehmung und mein Erleben ermöglichen sowie auf mein eigenes Handeln und mein Verhalten in der Umwelt.

In der Arbeit mit Kindern bedeutet das für mich, nicht angestrengt, sondern offen und wach mit voller Aufmerksamkeit bei mir und den Kindern zu sein, immer nur eine Handlung durchzuführen, nicht sieben Sachen auf einmal zu machen, sondern uneingeschränkt bei einer Sache zu bleiben und mich auf diese zu konzentrieren. So ist das Zusammenleben mit Menschen – und ganz besonders mit Kindern – für alle bereichernd, wenn es mit Achtsamkeit und Zuwendung geschieht.

Um Kindern die Welt näherzubringen, ist alles erlaubt, außer Gewalt. Das stellte schon Maria Montessori fest. So ist Kindern, die andere bei ihrer Arbeit stören, unbeirrt und mit Zuwendung eine Tätigkeit anzubieten, die ihr Interesse findet und ihre Eigenständigkeit fördert. Denn sobald ihr Interesse geweckt ist, tritt der Erwachsene in den Hintergrund. Ebenso wird sich das Kind zurückziehen, wenn die Eltern über die Pädagogik nicht informiert sind, wenn ihnen für Zuhause Material angeboten wird, das dann als Spielzeug „missbraucht" wird und nicht nach den pädagogischen Grundsätzen gehandhabt wird.

Der Umgang mit sich und der Umwelt muss dem Kind respektvoll und achtsam vorgelebt werden, sodass alles seiner Würde und Wertigkeit entsprechend behandelt wird. Das Leben sollte mit allen Sinnen wahrgenommen und die eigene Entwicklung zugelassen werden, dabei sollte man aber mit anderen Menschen und Dingen Austausch pflegen.

Angst

Eine Einsicht kommt aus der Wahrnehmung.
Manche drücken sich vor der Wahrnehmung,
indem sie eine Behauptung aufstellen oder
einen Einwand bringen, den sie nur denken,
ohne dass sie sehen, was sie behaupten.

Bert Hellinger

Angst zeigt sich an der Körperhaltung. Das kann so weit gehen, dass sie diese lähmt und jegliches Lernen blockiert. Ein Alarmzeichen ist das Einstellen der Atmung – das Sich-tot-Stellen. In der Frühzeit der Menschheit war dies überlebensnotwendig, in unserer modernen Zeit ist das weitere Vorhandensein dieses Urinstinktes ein großes Problem, denn die Ursache für diese Haltung wird von vielen LehrerInnen oft nicht erkannt. Im Gegenteil ist die Konzentration eher aus Prinzip auf die aufrechte Körperhaltung gerichtet. Diese kann auf Seiten des Kindes zu enormer Kraftanstrengung und Muskelverspannung bis zur totalen Unbeweglichkeit führen. Der Leistungsdruck bringt die kindliche Energie zum Erlöschen. Derart fremdbestimmt, besteht eine große Gefahr für Übergriffe auf das Kind.

Es darf zu keiner Kontrolle mehr über das Kind kommen. Der Erwachsene muss dem Kind uneingeschränkt vertrauen. Wenn es selbsttätig erarbeitet, was es braucht, wird es eine starke und achtsame Persönlichkeit entwickeln.

Kein Kind sollte Gewalt ausgesetzt sein, weder physischer noch psychischer. Vor den gesundheitlichen Schäden, die durch Einsperren in ein Zimmer, Anbrüllen (verbale Schläge, empfindliches Gehör), Liebesentzug und vieles mehr verursacht werden, hat bereits Maria

Montessori[10] vor mehr als fünfzig Jahren gewarnt. Die moderne Neurobiologie bestätigt diese Gefahren und Vertreter dieser Wissenschaft wie Dr. Manfred Spitzer und Prof. Dr. Gerald Hüther zeigen viele Möglichkeiten auf, wie aus Stress Gefühle werden können und das Leben wieder lebenswert wird.[11]

Kinder erleben tiefe Stimmen und Menschen, die sich über sie von oben herabbeugen, als sehr angsteinflößend. Dieses Über-jemanden-Herfallen bringt Kinder in eine unbewältigbare Situation. Sie müssen sich dabei dem Erwachsenen ergeben bzw. ausliefern und sind so Übergriffen schutzlos ausgeliefert.

Sie übernehmen auch die Angst der Mutter und deren eventuell zum Ausdruck gebrachte Schreckhaftigkeit. In Gewaltsituationen möchten sie helfen. So ziehen sie die Aufmerksamkeit auf sich und dieses Spiegeln der mütterlichen Angst ist oft von Weinen und Schreien begleitet. Die Kinder übernehmen die in dieser Situation auftretenden Gefühle. Oft merken Erwachsene gar nicht, was Kinder tun, um ihr Überleben zu sichern.

Dunkelheit und Alleinsein ist für viele Kinder schwer bis gar nicht zu ertragen. Umso schlimmer ist es, wenn Derartiges als Strafe eingesetzt wird. Ein solcher Liebesentzug schädigt das Verhältnis zum Kind und dessen Vertrauen in den Erwachsenen. Da Kinder noch kein entwickeltes Zeitgefühl und keine entsprechenden Erfahrungen haben, löst die Ungewissheit, die durch das „Verschwinden" des Erwachsenen ausgelöst wird, massive Existenzängste aus.

Eine weitere Grausamkeit gegen Kinder ist das Übersehen und das „Totschweigen", d.h. wenn keine Antwort auf Fragen und Bitten erfolgt. Eine kurze Zuwendung kann die Situation entschärfen und

---

[10] Vgl. Maria Montessori: Das kreative Kind. Der absorbierende Geist, 8. Auflage, Freiburg: Herder, 1972.
[11] Vgl. Gerald Hüther: Biologie der Angst – wie aus Stress Gefühle werden. Göttingen: Vandenhoeck & Ruprecht, 2005.

Kinder beruhigen: „Ich habe dich wahrgenommen, ich verstehe dich, aber ich kann deinen Bedürfnissen im Moment nicht nachkommen. Aber ..."

Auch das Mobbing, bei dem in Ab- oder auch Anwesenheit über jemanden negativ gesprochen wird, und das oft in Gruppen, bevorzugt in Schulklassen, ist passive Gewalt. Nicht wahrgenommen werden und nicht reagieren können macht Angst und ist diskriminierend. Es ist scheinbar nicht vielen bewusst, dass das berühmte Bloßstellen, das Lehrer beim Frontalunterricht mit Kindern an der Tafel vor der ganzen Klasse gerne praktizieren, nichts anderes ist als das An-den-Pranger-Stellen, eine alte mittelalterliche Foltermethode.

So wird das Lernen oft aus Unachtsamkeit behindert, anstatt als Freude und Lernen für das Leben umgesetzt zu werden. Lernen kann aber wie in der frühen Kindheit ohne Einfluss von außen stattfinden. Aus unseren Kindern können so glückliche, selbstbewusste und selbstverantwortliche Erwachsene werden, ohne dass sie ein Leben lang an den Verletzungen der Kindheit arbeiten und therapiert werden müssen.

Medien: Fernsehen, PC und Videospiele

Viele Menschen versäumen das kleine Glück,
während sie auf das große vergebens warten.

Pearl S. Buck

Kinder brauchen vielfältige Erfahrungen mit konkreten Dingen und Menschen wie auch viel Bewegung, um ihr Gehirn und ihren Körper zu entwickeln. Erst ab einem Alter von ca. 12 Jahren werden diese konkreten Erfahrungen mit abstrakten Inhalten verbunden.

Kinder können nicht zwischen realen und unrealen Welten wie Geschichten, Filmen, Nachrichten im TV und Ähnlichem unterscheiden. Sie verbinden automatisch ihr eigenes Leben und ihre Erfahrungen damit. Für sie ist alles Wirklichkeit. Daher sind oft als kinderfreundlich angesehene Tier-Dokumentationen für sie traumatisierend, wenn sie z.B. sehen, dass (Tier-)Familien auseinandergerissen werden oder (Tier-)Kinder gefressen werden. Auch Nachtaufnahmen von Fledermäusen oder anderen Tieren in der Dunkelheit sind für sie so real wie die Hexe im Märchen und deshalb als Einschlafhilfe nicht geeignet.

Inhalte erleben Kinder als reale Erlebnisse und vermischen sie mit der eigenen Wirklichkeit. Diese können Monate bis Jahre später wieder „auftauchen", um endlich aufgearbeitet zu werden. Studien haben nachgewiesen, dass das flackernde Bild des Fernsehers und des Computerbildschirmes Suchtverhalten auslösen kann.

Dagegen sichern das Erzählen des erlebten Alltags zum Abschluss des Tages und das unaufgeregte, wohlige Kuscheln mit den Eltern eine ruhige Nacht.

Oft verfallen Kinder in eine körperliche Starre mit leerem Blick[12]

---

[12]   Vgl. GEO Magazin Nr. 9/07, „Was Kinder heute krank macht".

und sind anschließend total aggressiv. Um diesen Zustand abzubauen, bräuchten sie unbedingt Bewegung, die das Gleichgewicht wiederherstellt. Fernsehen hingegen bedeutet eine totale Überforderung für sie. Um damit irgendwie umgehen zu lernen, brauchen Kinder Erwachsene, die sie nicht alleine lassen. Wenn Fernsehen nicht verhindert werden kann, sollten Erwachsene mit ihnen über die Inhalte reden und ihnen Halt und Sicherheit geben.

Durch die glorifizierende Darstellung von Gewalt im Fernsehen werden männlichen Kindern und Jugendlichen heldenhafte Vorbilder vor Augen geführt. Dass dies in der Wirklichkeit dramatische Folgen haben kann, wenn diese Inhalte in kriminellen Handlungen von Jugendlichen nachgespielt werden, wird oft nicht erkannt. [13]

Auch soziale Netzwerke im Internet, so positiv der Gedanke für ihre Einrichtung auch ist, können labilen Menschen Möglichkeiten zur Flucht aus der Wirklichkeit geben, sodass sie nur mehr schwer in reale zwischenmenschliche Beziehungen zurückfinden können. Daher ist jede Möglichkeit für zwischenmenschliche Kontakte wichtig, gerade für männliche Kinder und Jugendliche. Für diese ist die Interaktion in Gruppen mit männlichen Mentoren besonders von Bedeutung, denn unsere sozial weiblich dominierte Welt mit den gleichzeitig patriarchalen Strukturen der Gesellschaft führt zu einer großen Diskrepanz im Erleben der Kinder. Das männliche Rollenbild ist für Kinder nicht mehr aktiv erlebbar, da die Väter oft nur „Randerscheinungen" am Wochenende sind. Unsere Kinder brauchen aber Männer in ihrer Umgebung. Ziel der Erziehung und Bildung sollte die Gleichwertigkeit von Frau und Mann sein, ohne dass es dabei zur Gleichmacherei kommt. Kinder sollten beide Rollen erleben und nachvollziehen können. So sollte die soziale Arbeit, die die Frau in Familie und Beruf leistet, den gleichen Wert wie

---

[13] Vgl. Manfred Spitzer: Lernen – Gehirnforschung und die Schule des Lebens. Spektrum: München, S. 263 ff, 2007.

männliche Arbeit haben. Egal, was jeder Mensch arbeitet, welche Stellung er/sie in der Gesellschaft hat, Achtung und Respekt sollte allen zukommen.

Kommunikation: Sprache – Zeichen – Musik

Lerne zuzuhören und
du wirst auch von denjenigen Nutzen ziehen,
die dummes Zeug reden.

Platon

Schon im Mutterleib hört das Kind die Sprache der Mutter, des Vaters und viele andere Geräusche. Und bereits kurz nach der Geburt erkennt das Kind seine Eltern.

Bei der Sprachentwicklung bestehen große Unterschiede zwischen weiblichen und männlichen Kindern. Mädchen beginnen sehr früh, Gesichtsausdrücke zu lesen, und halten Augenkontakt. Sie kommunizieren schon nach kurzer Zeit verbal mit Lauten und mit Zwei- und Drei-Wort-Sätzen. Auch später ist Kommunikation und Netzwerken eine weibliche Lieblingsbeschäftigung, was sich auch in der Fähigkeit zum Multitasking äußert.[14] Grund dafür ist, dass sich bei Frauen in jeder Gehirnhälfte ein Sprachzentrum befindet, links ein großes und rechts ein kleines.[15] Das weibliche Gehör ist außerdem sensibler und so programmiert, dass es später selbst leise Laute der eigenen Kinder erkennen kann.

Männliche Kinder haben kein spezielles Kommunikationszentrum, da der Großteil ihres Gehirns auf räumliches Wahrnehmen und Fortpflanzung programmiert ist. Ihr Gehör entwickelt sich sehr sprunghaft und führt zu einer zeitweilig auftretenden „Gehörlosigkeit". Da die Wahrnehmung außerdem immer nur auf ein einziges Objekt oder eine einzige Tätigkeit ausgerichtet werden kann, ist das oft der Grund dafür, warum „nichts gehört" wird, denn alles andere wird dabei ausgeblendet. Außerdem ist die männliche Konzentration beim Zuhören mit 4 Minuten maximal sehr kurz. Danach wird der

---

[14] Vgl. Louann Brizendine: Das weibliche Gehirn.
[15] Vgl. Allen Pease, Barbara Pease: Warum Männer nicht zuhören und Frauen schlecht einparken, S. 134 ff Ullstein: Berlin, 2010.

Inhalt „in einer Schublade abgelegt", somit abgeschlossen, und der Mann wendet sich sogleich dem nächsten Interessengebiet zu.

Weibliche Menschen hingegen können Tag und Nacht ein Thema bearbeiten[16], daher kommt es bei ihnen zu keinem Abschluss der Gedankentätigkeit. Ihre Gedanken werden nicht so tiefgründig bearbeitet, aber dauernd weitergeführt. Das Nachdenken erfolgt bei Frauen im Reden, das oft unter mehreren Frauen stattfindet und multithematisch ist. So kommt es gleichzeitig zu Lösungen, Teillösungen, Anregungen und vielem mehr.

In der Montessori-Pädagogik wird besonderer Wert auf achtsame und respektvolle Sprache gelegt, auf eine gezielt eingesetzte, klare Sprache, die nicht überfordert. Das Material wird mit genauen Wortlektionen dargeboten und so klar definiert.

---

[16] Ebd. S. 134 ff.

Kreativität: Malen, Musik, Tanz[17]

Begabtes Verhalten ist keine Frage der Vererbung,
sondern eine der Entwicklungs- bzw. Entfaltungsbedingungen.

Heinrich Jacoby

Vielfältige Angebote und Möglichkeiten zum Ausprobieren, die ohne Druck und Einmischung erfolgen, bieten viele Entwicklungsmöglichkeiten.

Der „Malort" nach Arno Stern ist dafür ein besonderes Beispiel. Hier soll Menschen jeden Alters die Möglichkeit zum kreativen Ausdruck gegeben werden, ohne Einfluss durch die Kritik anderer Menschen. Die Entwicklung bzw. Nachentfaltung von Malvorgängen soll der eigenen Persönlichkeit und ihrer Entwicklung dienen. Ebenso wird von Heinrich Jacoby in seinem Buch „Jenseits von ‚Musikalisch' und ‚Unmusikalisch'" der Umgang mit Musik als Hörerlebnis, als Erforschung von Klängen und Rhythmen und als schützenswerter, kreativer menschlicher Ausdruck beschrieben.[18]

Viele Menschen hätten einen anderen Zugang zu kreativen Prozessen, wenn sie nicht schon früh „belehrt" und unter Druck gesetzt werden würden. Unsere Kultur könnte vielfältiger sein und ein wirkliches Allgemeingut darstellen, bei dem jeder Mensch seine Erfahrungen und Erkenntnisse einbringt. Wenn nur nicht immer verglichen und individuelle Leistung in Geld bewertet und dadurch entwertet würde.

Kreativität bedeutet nicht, nach Vorlage etwas auszuschneiden und zusammenzukleben, sie ist die Möglichkeit des Menschen, sich mit der Umwelt in Beziehung zu setzen, Lösungen zu finden, diese

---

[17] Harald Ludwig, Christian Fischer, Reinhard Fischer, Michael Klein-Landeck (Hrsg.): Musik – Kunst – Sprache. Möglichkeiten des persönlichen Ausdrucks in der Montessori-Pädagogik. Impulse der Reformpädagogik, Band 13, 2006.
[18] Heinrich Jakoby, Jenseits von ‚Begabt' und ‚Unbegabt': Zweckmäßige Fragestellung und zweckmäßiges Verhalten – Schlüssel für die Entfaltung des Menschen, Christensen, 2004.

umzusetzen, sie zu überprüfen und Freude zu erleben. Manchmal ist sie auch die einzige Möglichkeit, mit Erfahrungen und Problemen, die einen belasten, so umzugehen, dass eine Lösung möglich ist. Ein Eingriff durch andere Menschen würde diese besondere Chance zerstören und eine Weiterentwicklung unmöglich machen.

So ist es auch bei Musik und Tanz. Die Liebe zu Klängen und ihr Umsetzen in Bewegung braucht Raum und Zeit. Ich kann mich und meinen Körper nur lieben und achten, wenn ich die Freiheit und Möglichkeit dazu habe. Um den Raum mit meiner Bewegung auszufüllen, brauche ich die Sicherheit und das Vertrauen, den Rhythmus und die Klänge in mir fühlen zu können und sie in Bewegung umzusetzen. Um diese Fähigkeiten entstehen zu lassen, muss dies in erster Linie im Kindesalter ohne Kritik und Leistungsdruck zugelassen werden, denn was Lust und Liebe bedeutet, kann nicht bewertet werden. Oft führt der Leistungsdruck von Erwachsenen zur totalen Verweigerung auf Seiten des Kindes.

Ist es jedoch für das Kind und den Erwachsenen wichtig, sich der Bewertung auszusetzen, ist der/die richtige, achtsame, fördernde und fordernde TrainerIn mit einer Verantwortung für den Schutz vor Missbrauch und Übergriffen wichtig.

Es muss das wirkliche Bedürfnis des Kindes sein und nicht das der Eltern oder der/s LehrerIn, die sich selbst im Kind verwirklichen wollen, nur weil sie selbst nicht den Mut und die Ausdauer zur eigenen Umsetzung haben. Eigene versäumte Möglichkeiten in der Kindheit sind kein Argument. Es konnte nachgewiesen werden, dass sich jeder Mensch zu jeder Zeit nach-entfalten kann, was er noch nicht umsetzen konnte. Wenn das Bedürfnis da ist, kann es auch umgesetzt werden. Das menschliche Gehirn hat ein enormes Potenzial – aber nicht unter Druck. Daher ist es wichtig, Kindern Erfahrungen zu ermöglichen, sie jedoch nicht zu überfordern. Es sollten spielerisch entwicklungs- und altersentsprechende intelligente Angebote gesetzt werden.

Auf jeden Fall ist Freude und Spaß in achtsamer und wertschätzender Art die Grundlage für lebenslanges Lernen.

Ernährung und Umwelt

Nichts ist schwerer,
als bedeutende Gedanken so auszudrücken,
dass sie jeder verstehen muss.
Arthur Schopenhauer

In unserer hoch technisierten Welt ist das Essen oft denaturiert. Da zudem Waren durch falsche Kennzeichnung als biologisch, biodynamisch oder sonst wie deklariert werden, es aber leider nicht sind, ist es für Eltern oft sehr schwer, die beste Ernährung für ihr Kind bereitzustellen. Auch selbst Angebautes aus dem eigenen Garten kann mit Schadstoffen aus dem Boden oder der Luft verunreinigt sein. Viele Bücher zu diesem Thema verunsichern zusätzlich und Nachrichten über Analog-Lebensmittel, die chemisch hergestellt sind, tun ihr Übriges.

Viele Kinder reagieren schon sehr früh mit Lebensmittelunverträglichkeiten und Allergien. Die üblichen Allergietests erfassen bei Weitem nicht alle Abwehrreaktionen, die mit Methoden der Alternativmedizin erkennbar sind. Bioresonanz- oder ähnlichen Verfahren hingegen können Allergien klar feststellen.

Mit Vorsicht bei der Lebensmittelwahl und durch Vermeidung künstlicher Aromen und zuckerhaltiger Lebensmittel, bis das Kind eine eigene ausgereifte Körperabwehr aufgebaut hat, sowie dem Vorleben einer gesunden Lebensweise mit bestmöglichen Lebensmitteln und viel Bewegung und Freude an der Arbeit kann Kindern eine gute Basis für ihr Leben geschaffen werden.

Kindern wird zur „Belohnung" – manchmal sogar zur Beruhigung – Zucker oder anderes Süßes gegeben. Das kann zu plötzlich auftretenden Aggressionen führen und auch der Abbau dauert bei jungen Kindern, selbst bei geringen Mengen von Zucker, 10 Minuten und länger. Hier hilft viel Bewegung, wenn möglich im Freien oder in großen Räumen. Besonders bei Getränken ist es wichtig, auf zuckerhaltige Säfte zu verzichten oder deren Konsum einzuschränken. An deren Stelle kann Wasser oder Früchtetee angeboten werden. Auch auf ausreichend Zufuhr von Wasser ist ein besonderes Augenmerk zu richten.

Bei Milch ist Vorsicht geboten. Milch ist kein Getränk, sondern ein Lebensmittel. Bei Milch- bzw. Laktoseunverträglichkeit kann es zu Bauchkrämpfen bzw. Durchfällen kommen. Durchfälle führen sehr schnell zur Dehydrierung bei Kindern und können lebensbedrohlich sein. Der Magen-Darm-Bereich wird nicht genügend trainiert und die in diversen Milchprodukten versteckten Antibiotika schädigen das Immunsystem des Kindes, sodass kein natürlicher Schutz aufgebaut werden kann. Weiter ist bei Nahrungsergänzung mit Fertigmilchprodukten darauf zu achten, dass diese dem Kind nicht zu lange ausschließlich gegeben werden. „Beißfaulheit" und die Verweigerung fester Nahrung kann zur Schädigung der Zähne führen. Durch eine zu große Menge an Nahrung kann es schon in sehr jungen Jahren zu Fettleibigkeit und bereits im Schulalter zu Adipositas (Fettsucht) kommen.

Kindern kann jederzeit Obst und Gemüse als Naschersatz angeboten werden. Mit klaren Fragen („Bist du satt?") wird ihnen bewusst gemacht, dass es ihre Entscheidung ist, wie viel sie essen wollen. So bekommt das Kind ein gutes Gefühl für den eigenen Körper und lernt den Wert der Nahrung schätzen.

Auch hier spielt das Vorleben der Erwachsenen eine große Rolle. Nahrung sollte dem Körper helfen, ihn nicht schädigen. Sie kann auch kein Ersatz für Liebe oder Aktivität sein.

Aufmerksamkeit auf die Ernährungsgewohnheiten in der Kindheit fördert ein verantwortungsbewusstes Verhalten im späteren Leben und trägt zum richtigen Umgang mit unserer Umwelt bei.

Staatlicher Schutz des Kindes

Des Lebens Mühe lehrt uns allein
des Lebens Güter zu schätzen.

Johann Wolfgang von Goethe

Kinder in ihren Entwicklungsbedürfnissen zu achten, sie in Liebe zu begleiten und ihnen die notwendige Sicherheit und den Schutz für eine gute Entwicklung zu geben, ist Aufgabe und Pflicht der Erwachsenen.

Viele Gesetze und Reformen entstanden nach großen Kriegen und Revolutionen. Scheinbar benötigen Menschen erst negative Erfahrungen, um zu erkennen, was ihnen guttut. Kinder und Frauen sind meist die Leidtragenden bei politischen Auseinandersetzungen und werden noch immer ausgebeutet.

In unserer westlichen Gesellschaft gibt es endlich Ansätze der Gleichberechtigung, die genau genommen eine Gleichwertigkeit sein sollte. Jedem Menschen sollten gleiche Rechte zustehen, die universell, unveräußerlich und unteilbar sind, gleich welchen Geschlechtes. So ist es auch in der Resolution der UNO-Menschenrechtskonvention und in den Verfassungsgesetzen der einzelnen Staaten verankert. In Österreich im Bundes-Verfassungsgesetz:

Artikel 7:

(1) Alle Bundesbürger sind vor dem Gesetz gleich. Vorrechte der Geburt, des Geschlechtes, des Standes, der Klasse und des Bekenntnisses sind ausgeschlossen. Niemand darf wegen seiner Behinderung benachteiligt werden. Die Republik (Bund, Länder und Gemeinden) bekennt sich dazu, die Gleichbehandlung von behinderten und nichtbehinderten Menschen in allen Bereichen des täglichen Lebens zu gewährleisten.[*]

[*] Wiener Zeitung Online am 06.03.2011, www.wienerzeitung.at/.../verfassung1.htm.

Die Kinderrechte sind in der UN-Kinderrechts-Konvention festgelegt und seit Dezember 2010 in das österreichische Bundes-Verfassungsgesetz aufgenommen. Jetzt liegt es an den Menschen, sie im täglichen Leben umzusetzen.

Viele Menschen und Einflüsse gestalten und beherrschen das Leben eines Kindes. Positive Erfahrungen und selbstständige Bewältigung (Resilienz) bilden die Grundlage für eine stabile, in sich ruhende Persönlichkeit, die für sich und andere Verantwortung übernehmen kann. Damit diese Widerstandskraft eine stabile Grundlage – wie „auf Fels gebaut"[19] – sein kann, die mit der Vielfältigkeit des Lebens gut umgeht, wird sie oft erprobt und erweitert, mit jedem Problem und jeder Lösung entwickelt sich der junge Mensch zum Erwachsenen.

---

[19]   Mathäus 7, 24-27.

Christine Holubek • Montessori-Pädagogik

Teil 2: Vom Kind zum Erwachsenen

Vorgeburtliche Entwicklung

Jedem Anfang wohnt ein Zauber inne ...

„Stufen", Hermann Hesse

Alles, was in der Zeit ab der Zeugung und der Schwangerschaft passiert, liegt im Dunkeln. Alleine Mutter und Kind spüren ab einem gewissen Zeitpunkt, dass etwas Großes, oft Überwältigendes geschieht. Mancher Frau ist schon beim Zeugungsakt bewusst, dass sie schwanger ist. Was es aber bedeutet, sich für ein Kind zu entscheiden, einen neuen Lebensabschnitt zu beginnen und das bisherige Leben hinter sich zu lassen – das hat als Vorbereitungsphase ca. 9 Monate Zeit.

Die Neurobiologie beginnt in letzter Zeit, das Wunder der Menschwerdung zu erforschen. Schon in den ersten Monaten wird durch Chromosomen und Hormone entschieden, ob dieser werdende Mensch weiblich oder männlich wird, was in manchen Kulturen auch heute noch wichtig und überlebensentscheidend sein kann. Der Neurobiologe Gerald Hüther fasst folgende wichtigen Erkenntnisse zusammen[20]:

- Kinder sind zu jedem Zeitpunkt ihrer Entwicklung weitaus kompetenter, als wir bisher angenommen haben.
- Um sich optimal entwickeln zu können, brauchen sie die Erfahrung, willkommen zu sein und in den Eltern bzw. Pflegepersonen sichere Bindungspartner zu finden, die ihre Bedürfnisse in angemessener Weise beantworten.

---

[20] Vgl. Gerald Hüther, Inge Krens: Das Geheimnis der ersten neun Monate. Unsere frühesten Prägungen. Weinheim: Beltz, 2008.

- Sie suchen sich ihren Weg und erschließen sich die Welt aus eigenem Antrieb; wir können ihnen dabei Mut machen, ihnen mögliche Wege zeigen und sie unterstützen, wenn sie allein (noch) nicht weiterkommen und sich erst zurechtfinden müssen.
- Jeder Schritt auf dieser Entdeckungsreise wird durch all das bestimmt, was die Kinder im Verlauf ihres bisherigen Lebens bereits entdeckt und in ihrem Gehirn verankert haben.

Vom Anfang des Lebens geht eine besondere Faszination aus, denn das Heranwachsen im Mutterleib und die Geburt sind Erfahrungen, die alle Menschen teilen. Obwohl wir uns nicht bewusst an vorgeburtliche Erlebnisse erinnern, scheinen sie dennoch tief in unseren Körpern und Seelen verwurzelt zu sein. So gibt es in allen Kulturen Rituale und unbewusst ablaufende Handlungen von werdenden Müttern, die helfen, den Kontakt zum Kind zu intensivieren.

Frauen haben schon immer instinktiv auf eine Weise reagiert und Ahnung von Vorgängen gehabt, die die Neurobiologie heute wissenschaftlich belegen kann. Maria Montessori sagte 1946 in einem Vortrag[21]: „So wird das Kind … inmitten von Liebe geboren, schon sein Ursprung ist in der Liebe, und einmal geboren, ist es von mütterlicher und väterlicher Liebe umgeben. Diese Liebe ist nicht künstlich oder vernunftmäßig aufgelegt. Vorgänge im Gehirn der Mutter und des Vaters bereiten das Leben des Kindes vor."

Erlebnisse der Schwangeren sollten immer auch aus der Sicht des Kindes gesehen werden, denn berufliche Überforderung und Überanstrengung, die zu Schwangerschaftsproblemen führen können, haben Einfluss auf das werdende Kind. So sollte die Schwangerschaft für Mutter und Kind von vielen positiven Aspekten wie der Rücksicht des sozialen Umfeldes und einem Verständnis der

---

[21]   Maria Montessori: Erziehung für eine andere Welt, S. 70.

Christine Holubek · Montessori-Pädagogik

Gesellschaft begleitet sein. Dies bestätigen wiederum die Erkenntnisse der Gehirnforschung, die klarmachen, dass eine Frau als Mutter andere Bedürfnisse hat und anderen körperlichen Bedingungen ausgesetzt ist. Hier ist die Berufswelt gefordert, endlich ein Klima zu schaffen, das nicht nur männliche Wettbewerbs- und Leistungsbedürfnisse präsentiert, sondern auch weiblichen Ansprüchen angepasst ist. Eine Welt, deren Werte sozial definiert sind und die darauf angewiesen ist, vernetzt zu arbeiten, kann nicht in einer Einbahnstraße verlaufen. Männliche Sicht lässt zu viele wichtige Ansätze, die diese spezielle und andere Situation betreffen, außer Acht.[22]

---

[22]   Vgl. Louann Brizendine: Das weibliche Gehirn und Louann Brizendine: Das männliche Gehirn, Hoffmann und Campe, 2010.

Das Bild vom Kind – der Wiener Bildungsplan[23]

Es wird auch von staatlicher Seite betont, dass das Kind in seiner Vielfalt, seinen Entwicklungs- und Lebensbedürfnissen gefördert werden soll. Die Grundlage für die elementare Bildung des Kindes, zuhause und in der außerhäuslichen Betreuung (Krippen, Kindergruppen, Kinderhäusern, Kindergärten etc.), formuliert der Wiener Bildungsplan als Umsetzung des Bundesrahmenplans für elementare Bildungseinrichtungen wie folgt:

Kinder sind eigenständige Wesen – aktiv erfahren Kinder ihre Welt.

Kinder sind soziale Wesen.

Kinder sind ganzheitliche Wesen. Sie lernen nicht rein kognitiv, immer sind sie mit allen Sinnen am Lernprozess beteiligt.

Kinder sind lernende Wesen, die erst ihren Platz finden und bestimmen müssen.

Kinder sind mehr als alle Wissenschaft über sie lehrt, mehr als Pädagoginnen und Pädagogen erfassen, mehr als Eltern aus ihrer eigenen Kindheitsgeschichte wissen.

Kinder sind einzigartige Wesen, die wir auf einem Stück des Weges begleiten und denen wir die Hoffnung auf eine sinnvolle Zukunft schenken.

Das Ziel von Erziehung und Bildung ist der autonome Mensch, der seinen Platz in der Gesellschaft einnimmt.

Nicht das Normkind, sondern **das in seiner Bildungsbiografie einzigartig geförderte Kind** ist das Ziel.

Danach liegt es in der Verantwortung aller Erwachsenen in Österreich, die Sicht des Kindes und dessen Entwicklungsbedürfnisse der Zukunft – der des 21. Jahrhunderts – anzupassen. Denn das Wertvollste,

---

[23]   Wiener Kindergärten (MA 10) (Hrsg.): Bildungsplan für Wiener Kindergärten. Wien: Holzhausen, 2010.

das wir haben, unsere Kinder, sind auch das, was von uns weiterleben wird. An dem, was wir jetzt und heute unseren Kindern als Grundlage für ihr weiteres Leben mitgeben, werden wir gemessen werden.

„Nachhaltigkeit" ist ein Schlagwort in den Reden vieler Politiker und Unternehmen, aber die langfristige Planung unserer sozialen Einrichtungen wird außer Acht gelassen. Die Zukunft hat schon gestern begonnen und wir planen noch das Heute. Unsere Kinder leben jetzt und in der Zukunft, geben wir ihnen das Beste, das wir haben und was wir können, auf ihren Weg mit.

Deine Kinder sind nicht deine Kinder,
sie sind Söhne und Töchter der Sehnsucht des Lebens nach sich selbst.
Sie kommen durch dich, aber nicht von dir,
und obwohl sie bei dir sind, gehören sie dir nicht.
Du kannst ihnen deine Liebe geben,
aber nicht deine Gedanken,
denn sie haben ihre eigenen Gedanken.
Du kannst ihrem Körper ein Heim geben,
aber nicht ihrer Seele,
denn ihre Seele wohnt im Haus von morgen,
das du nicht besuchen kannst,
nicht einmal in deinen Träumen. Du kannst versuchen,
ihnen gleich zu sein,
aber suche nicht,
sie dir gleich zu machen,
denn das Leben geht nicht rückwärts
und verweilt nicht beim Gestern. Du bist der Bogen,
von dem deine Kinder
als lebende Pfeile ausgeschickt werden. Lass deine Bogenrundung
in der Hand des Schützen Freude bedeuten.

Khalil Gibran

Persönlichkeit

> *Gibt es eine bessere Form,*
> *mit dem Leben fertig zu werden,*
> *als mit Liebe und Humor?*
> Charles Dickens

Das Ich als Vorstellung des Gesamtbildes, das einen Menschen ausmacht, seine Verhaltensweisen, seine Persönlichkeit, die sich in der Körperhaltung, der Sprechweise, der Gestik, der Mimik, den Ansichten und den Erfahrungen ausdrückt, seine Widerstandskraft und seine Anpassungsfähigkeit – diese Persönlichkeit ist in ihrer Anlage bereits ab der Zeugung festgelegt und wird in weiterer Folge von Hormonen und Umweltbedingungen beeinflusst. So ist der Mensch, obwohl er bereits sehr viel mitbringt, in seinem Erscheinungsbild im Laufe seines Lebens vielen Veränderungen ausgesetzt.

Von der Schwangerschaft über die Geburt, die Kindheit und die Pubertät bis ins Erwachsenenalter sind große Unterschiede zwischen männlichen und weiblichen Menschen festzustellen. Viele wissenschaftliche Arbeiten sind von Männern über männliche Entwicklungsprozesse geführt und geschrieben worden. Das weibliche Leben wird im Gegensatz dazu durch viele zyklische Veränderungen, die im monatlichen bzw. im Jahreszyklus ablaufen, beeinflusst.

Daher ist es besonders wichtig, den gleichen Wert beider Geschlechter, aber keine Gleichmacherei zu leben. Erst Vielfältigkeit, die eine gegenseitige Ergänzung ermöglicht, bereichert unsere Gesellschaft. Daher ist das Wissen über die Besonderheiten weiblicher und männlicher Menschen in der Erziehung und für das gegenseitige Verständnis sehr wichtig.

Christine Holubek • Montessori-Pädagogik

Wandlungsphasen[24]

Schon 1946 stellte Maria Montessori fest: „Nach modernen Psychologen, die Kinder von der Geburt bis zur Hochschule begleitet haben, gibt es im Laufe ihrer Entwicklung verschiedene und deutlich abgrenzbare Abschnitte, merkwürdigerweise entsprechend den verschiedenen Phasen in der körperlichen Entwicklung. Wachstum ist eine Aufeinanderfolge von Geburten."[25]

Es scheint, als ob in einem bestimmten Lebensabschnitt ein geistiges Wesen zu Ende geht und ein anderes geboren wird. Der erste Abschnitt dauert von der Geburt bis zum Alter von 6 Jahren, und trotz bemerkenswerter Unterschiede ist während der gesamten Dauer die Geistesart die gleiche.

Zwei Unterabschnitte lassen sich in dieser Zeit beobachten, von 0 bis 3 Jahre und von 3 bis 6. Der erste zeigt eine dem Erwachsenen unzugängliche Geistesform; der Erwachsene kann diese nicht beeinflussen.

Dann folgt die Zeit von 3 bis 6, in der das psychische Wesen erstmals zugänglich wird – aber nur in einer besonderen Weise. Diese Zeit ist gekennzeichnet durch große Umwandlungen im Menschen, sodass das Kind mit 6 Jahren üblicherweise für intelligent genug für die Schulreife gehalten wird. Nach den hier befürworteten neuen Richtlinien kann es schon viel früher gewinnbringend in eine Schule aufgenommen werden, aber mit 6 Jahren erreicht das Kind einen Abschnitt entsprechend den körperlichen Veränderungen, z.B. dem Verlust der ersten Zähne. Die Zeit von 6 bis 12 Jahren ist eine Zeit des Wachstums ohne Umwandlungen. Sie ist normalerweise durch heitere Gelassenheit und Fügsamkeit gekennzeichnet.

Ein dritter Entwicklungsabschnitt, von 12 bis 18 Jahren, ist wiederum durch Umwandlungen psychischer sowie körperlicher Art geprägt. Die weiblichen und männlichen Körpermerkmale treten in

---

[24] Vgl. Maria Montessori: Erziehung für eine andere Welt., S 66 ff, 1998.
[25] Maria Montessori: Das kreative Kind, Der absorbierende Geist, S. 16, Herder, 1972.

dieser Zeit in Erscheinung. Die Stimme wird tiefer und das Interesse am anderen Geschlecht erwacht. Jetzt kommt es zu stärkeren Vergleichen mit den Erwachsenen und der Suche nach der eigenen Identität und dem eigenen Selbstbild. Die jungen Menschen orientieren sich nun eher an Gruppen Gleichaltriger oder „Stars und Helden". Diese (Vor-)Bilder decken sich meist nicht mit denen der Eltern oder anderer Erwachsener und führen zu Konflikten. Jugendliche werden jetzt oft in ihrem Verhalten falsch verstanden. Die Älteren zeigen Abwehr, wenn sie einerseits aggressiv auf Jugendliche zugehen und bei Gegenreaktion, wenn diese wiederum Grenzen überschreiten, die Schuld bei den Jugendlichen suchen.

Unsere Gesellschaft behandelt Jugendliche sehr unhöflich und ignorant. Egal wie sie sich verhalten, es passt nie. Aus dieser ablehnenden Haltung der Erwachsenen, die meist unnötig ist, entstehen oft unüberwindliche Barrieren. Mit etwas Achtung und Höflichkeit wären viele Probleme nicht mehr vorhanden.

Trotzphase: „Bitte verlass mich nicht!"

Ein glückliches Leben kannst du nur führen,
wenn du in Einklang mit deinen Werten lebst.
Wolfgang Keller

Emmi Pikler schrieb bereits im Jahr 1982: „Die Eltern setzen oft ihre ganze Kraft, ihr ganzes Streben ein, um das Kind zur Reinheit zu erziehen. Als Resultat Monate dauernder Plage wird das Kind schließlich sauber."

Es stellt sich die Frage: Muss das so verlaufen? Hängt es wirklich von den Eltern ab, von ihrer Kraft, Gewandtheit, Ausdauer, wann und wie leicht das Kind sauber wird? Müssen wir wirklich das Kind zur Sauberkeit zwingen? Würden die Eltern sich nicht so sehr bemühen, müsste man die Kinder dann bis ins Erwachsenenalter wickeln? *Nein.*

Die Sauberkeit ist ebenso das Resultat der körperlichen, geistigen Entwicklung und der Triebe wie der Beginn des Gehens oder Sprechens.

„… jedes gesunde Kind wird früher oder später sauber, auch dann, wenn man es nicht ‚lehrt', nicht mit ihm ‚übt', es nicht forciert. Es würde auch dann sauber, wenn man es nie, in keiner Weise dazu ermuntern würde oder ihm behilflich wäre."[26]

Pubertät: „Bitte lass mich gehen, aber steh zu mir!"

Die schwierige Phase der Pubertät beschrieb Maria Montessori 1937 in einem Vortrag in Kopenhagen:

„Diese Energien gehen heute verloren, ja sie werden sogar durch Irrtümer einer Erziehung, die noch immer Einfluss auf die gesamte

---

[26] Emmi Pikler: Friedliche Babys – zufriedene Mütter, S. 96.

Menschheit hat, unterdrückt und fehlgeleitet. Das Kind ist vom Erwachsenen unverstanden: die Eltern kämpfen unbewusst gegen ihr Kind, anstatt es in seiner ... Mission zu unterstützen.

Die Erziehung muss die verborgenen Antriebe aufwerten, die den Menschen bei der Konstruktion seiner selbst leiten. Unter diesen ist der soziale Antrieb besonders stark.

Wir haben erprobt, dass das Kind und der Jugendliche keinen Sinn für Ordnung und Moral entwickeln, wenn sie nicht die Möglichkeit haben, Erfahrungen im sozialen Leben zu machen. Statt dass diese Eigenschaften sich als Ausdruck der Freiheit offenbaren, ergeben sie sich aus dem Zwang. Die Persönlichkeit des Menschen bildet sich aufgrund ständiger Erfahrungen. Es ist unsere Aufgabe, der Kindheit und der heranwachsenden Jugend eine Umgebung, eine Welt, vorzubereiten, die diese formativen Erfahrungen ermöglichen. Der Jugendliche soll mit der Welt der Produktion in Kontakt kommen, nachdem er seine Erfahrungslehre durchgemacht hat; der Mensch muss dazu angeleitet werden, sich in erster Linie seiner Verantwortung gegenüber der sozialen Organisation der Menschen bewusst zu werden; der Mensch muss also von Kind auf praktisch erfahren, dass die Gemeinschaft existiert, um dann schrittweise in die Geheimnisse der technischen Entwicklung dieser Gesellschaft einzudringen."[27]

In die Wandlungsphase Pubertät der Jugendlichen passt die oft gleichzeitige Wandlungsphase der Eltern, die Krise des mittleren Lebens: „Ich werde alt, ich habe Angst vor dem Alleinsein!", da zu dieser Zeit meist der Auszug der Kinder aus der Wohngemeinschaft stattfindet. Das Vertrauen in die jungen Erwachsenen ist oft noch nicht gefestigt und das Kontrollbedürfnis, das ja schon sehr lange gelebt wurde, ist schwer aufzulösen. Alles besser zu wissen und eine oft imaginäre materielle Abhängigkeit lassen Erwachsene hoffen, weiter alles im Griff zu haben. Gleichzeitig jammern sie, wenn die jungen

---

[27]   Maria Montessori: Die Macht der Schwachen, 2. Auflage. Freiburg: Herder, 1989, S. 52 ff.

Erwachsenen nicht ausziehen, dass die Familie als „Hotel Mama" missbraucht wird.

Dazu kommt die körperliche Veränderung des Erwachsenen, der nun mit Alterungserscheinungen des eigenen Körpers und Krankheiten zu kämpfen hat. Die Attraktivität des jungen Erwachsenen ist da eine schmerzliche Erinnerung an den Verlust der eigenen Jugend. Durch falsche Ernährung und wenig Bewegung wird die Krankheitsanfälligkeit noch verstärkt.

Diese Trennungsphase ist für alle Beteiligten nicht leicht und Trauerarbeit wichtig, um den neuen Lebensabschnitt gut beginnen und die neuen Aufgaben für beide Seiten sowie neue stabile Beziehungen leben zu können.

Weibliche Kinder in unserer Gesellschaft

Der Berufene häuft keinen Besitz auf.
Je mehr er für andere tut,
desto mehr besitzt er.

Laotse

Mädchen und Jungen verhalten sich unterschiedlich, ganz egal, was die Eltern auch anstellen. Ob sie ihren Nachwuchs neutral behandeln und Spielzeug und Kleidung geschlechtsunspezifisch anschaffen – das Gehirn entscheidet über die unterschiedlichen Verhaltensweisen. Mädchen umsorgen untypische Gegenstände wie Autos und Jungen können auch Puppen als Waffen verwenden.

Früher glaubten Menschen, dass Geschlechtsunterschiede kulturell bedingt sind, doch es gibt kein anfängliches „Unisex-Gehirn". Mädchen sind von ihren körperlichen Voraussetzungen her als Mädchen strukturiert und Jungen als Jungen. Ihre Gehirne sind bereits bei der Geburt unterschiedlich. Aus diesen Gehirnen stammen Impulse, Wertvorstellungen und die gesamte Wahrnehmung der Realität.

Dies hat tief greifenden Einfluss auf die Art, wie wir die Welt in Begriffe fassen – ob wir einen Menschen für gut oder böse halten, ob das Wetter uns heute gefällt oder unglücklich macht, ob wir Lust haben, unseren Alltagstätigkeiten nachzugehen.

Die Tatsache, dass das weibliche Gehirn zwei Kommunikationszentren hat, die Zentren für Erinnerung und Gefühle größer sind, die Fähigkeit, die Gefühle anderer wahrzunehmen, früher und besser entwickelt ist, die Gehirnhälften stärker vernetzt sind, das alles erklärt die unterschiedliche Realitätswahrnehmung von Frau und Mann. Daher sind für Frauen Kommunikation, zwischenmenschliche Beziehungen, emotionale Sensibilität und Verständnis die wichtigeren Werte.

Die Wissenschaft hat jedoch festgestellt, dass diese Entscheidung, welches Geschlecht das Kind hat, bereits bei der Befruchtung der Eizelle getroffen wird. Setzt sich ein X-Chromosom (des Vaters) gegenüber einem Y-Chromosom durch, wird es ein Mädchen![28]

Bis zur 8. Schwangerschaftswoche ist jedes Gehirn weiblich – das ist die Geschlechts-Grundeinstellung der Natur. In der 18. Schwangerschaftswoche werden die geschlechtsspezifischen Schaltkreise für die Gehirnentwicklung angelegt. Erst dann macht ein riesiger Testosteronschub das Einheitsgehirn männlich: Das Hormon tötet manche Zellen in den Kommunikationszentren ab und lässt in den Sex- und Aggressionszentren mehr Zellen heranwachsen. Bleibt diese Testosteronwelle aus, entwickelt sich das weibliche Gehirn ungestört weiter. Im weiblichen Fötus entstehen in den Kommunikationszentren und den Bereichen zur Gefühlsverarbeitung mehr Verknüpfungen. Daher sind Mädchen redseliger und nutzen mehr Formen der Kommunikation in zwischenmenschlichen Beziehungen. Dies definiert das biologische Schicksal.[29]

Schon bei der Geburt entsteht bei Mädchen ein großes Interesse für Gefühle und deren Ausdruck. In den ersten drei Lebensmonaten wächst die Fähigkeit zu Blickkontakt und gegenseitigem Ansehen und sie ist gegenüber der von Jungen um 400 Prozent höher. Aus einem Blick, einer Berührung, aus jeder Reaktion der Menschen, mit denen Mädchen in Kontakt kommen, entnehmen sie etwas über sich selbst. Aus solchen Indizien lesen sie ab, ob sie geschätzt, liebenswert oder lästig sind. Sucht das weibliche Gehirn jedoch die entsprechenden Merkmale in einem lebendigen Gesicht vergeblich, so kommt ihm der wichtigste Maßstab für die Realität abhanden und es erlebt sich in weiter Folge als fehlerhaft und sucht die Gründe bei

---

[28] Ebd., S. 34.
[29] Vgl. ebd., S. 35.

sich selbst. Jungen interessieren sich hauptsächlich für Gegenstände und Bewegtes.

Das Fehlen von Gesichtsausdrücken ist für ein kleines Mädchen sehr verwirrend. Wenn es keine Signale der Zuwendung und Aufmerksamkeit von seiner Mutter bekommt – die aus unterschiedlichen Gründen dazu nicht in der Lage sein kann: Depression, Botoxanwendung etc. –, wendet es seine Bemühungen anderen Gesichtern zu, die stärker darauf ansprechen.

Die emotionalen Bindungen, die Mädchen aufgrund ihrer Fähigkeit der angeborenen Beobachtungsgabe entwickeln, werden oft fälschlich als stärkeres Bedürfnis nach einer Symbiose mit der Mutter angesehen. Diese gehirnbedingte Reife ist bereits bei der Geburt ausgeprägter als bei Jungen und steigert sich in der weiteren Entwicklung zu einem Vorsprung von ein bis zwei Jahren.[30]

Diese Beobachtungsgabe hatte in grauer Vorzeit die Aufgabe, dass die „Höhlenfrau" aus dem Gesicht des „Höhlenmannes", der größer und aggressiver war, ablesen konnte, was dieser als Nächstes tun wird, damit sie sich mit ihren Geschlechtsgenossinnen frühzeitig zusammentun konnte, um die Angriffe eines wütenden Höhlenmannes oder auch mehrerer abzuwehren. Mädchen sind somit darauf programmiert, sich um die Erhaltung der zwischenmenschlichen Harmonie zu bemühen.[31] Sie sind hauptsächlich vom Hormon Östrogen beeinflusst und investieren in der Regel viel Energie in die Aufrechterhaltung von Beziehungen. Sie neigen dazu, mittels Kommunikation und Kompromissen zwischenmenschliche Beziehungen herzustellen, was ihnen durch frühzeitig entwickelte Sprachgewandtheit und Kooperationsfähigeit besser gelingt als Jungen.[32]

Im Gegensatz zu Jungen drücken Mädchen in der Regel Aggressionen nicht durch wilde Spiele, Ringkämpfe und Raufereien aus. Dafür haben sie im Durchschnitt mehr soziale Fähigkeiten, Mitgefühl und emotionale Intelligenz. Dies „bedeutet nicht, dass das Gehirn

---

[30] Vgl. Brozendine Louann: Das weibliche Gehirn, S. 35.
[31] Vgl. ebd., S. 38.
[32] Vgl. ebd.

Christine Holubek • Montessori-Pädagogik

von Mädchen aufgrund seiner Verdrahtung nicht in der Lage wäre, sich Gewünschtes mit aller Macht zu verschaffen, ... um ihre Ziele zu erreichen. ... Verbindungen schmieden, Gemeinschaft schaffen, die Welt des Mädchens so zu organisieren und zu koordinieren, dass es im Mittelpunkt steht.

Hier spielt das weibliche Gehirn seine Aggressivität aus, es schützt, was ihm wichtig ist. Das sind immer und zwangsläufig die zwischenmenschlichen Beziehungen. Ein Mädchen wandelt also immer auf einem schmalen Grat: Einerseits will es im Mittelpunkt ihres Beziehungsnetzwerkes stehen und andererseits riskiert es, dass solche Beziehungen zerbrechen."[33]

---

[33] Ebd., S. 56.

Männliche Kinder in unserer Gesellschaft

Aus dem Zusammentreffen von
Vorbereitung und Gelegenheit
entsteht das,
was wir Glück nennen.

Anthony Robbins

Die Erziehung männlicher Kinder liegt in den Händen von Frauen, oft werden noch Kindermädchen oder Großmütter eingebunden. Männer haben sich in unserer westlichen Kultur in dieser Hinsicht auf „Nischen-Versorgung" zurückgezogen, d.h. darauf, eine kurze Zeit am Abend mit dem Kind zu spielen oder manchmal sogar einige Monate Karenz zu nehmen, um mit ihm zusammen zu sein, denn der Mann achtet auf sich oder muss vielleicht noch arbeiten. Obwohl es Männern oft maximal leidtut, keine Zeit für ihre Kinder zu haben.

Demgegenüber wird Frauen in vielerlei Hinsicht ein schlechtes Gewissen zugeteilt. Frau ist immer eine schlechte Mutter, wenn sie das gesellschaftliche Rollenbild nicht erfüllt. Selbst Unzulänglichkeiten der Männer fallen auch wieder den Frauen auf den Kopf. Wenn Frau schon arbeiten muss, dann muss sie auch noch den Mann mitorganisieren.

Für männliche Kinder ist es schwer, das Rollenbild „Mann" zu erkennen. Meist erleben Kinder Männer unter Zeitdruck, Arbeit delegierend, unkonzentriert, stumm, abwesend – also „schwer beschäftigt mit Wichtigerem". Dieses Verhalten macht Frauen meist aggressiv und sie fühlen sich im Stich gelassen. Der vielfältige Druck, der auf Frauen ausgeübt wird, zeigt sich natürlich auch bei den Kindern. Männliche Kinder sind meist aggressiv, laut und auch sonst auffällig. Sie haben durch die Abwesenheit des Vaters keinen ständig anwesenden männlichen Partner, die faire Abbaumöglichkeiten von

Aggressionen bieten könnten, keine Vorbilder, die männliches Leben in allen Facetten sichtbar machen.

Hier wird auch der Machtfaktor Geld eingesetzt, wenn Frau gesellschaftsbedingt nicht „genug" verdient, wegen der Kinder eingeschränkt „brauchbar" ist und meist nicht zu Leistungs-Wettkämpfen bereit ist. Wenn Frau sich jedoch anpasst und mitspielt, ist sie auch nicht richtig, dann muss sich der Mann wehren und ihr klarmachen, dass sie keine richtige Frau ist.

Das Bild der Übermutter, die dem Mann zur Verfügung steht, alle selbstlos umsorgt und immer funktioniert, ist ein beliebtes Märchen der Männer, das sie pflegen, um gut und gewissensfrei zu leben: Frauen lassen sich ja „gerne missbrauchen", stellen sie anheim. Wenn sie dies nicht tun, werden andere zu Sklavinnen gemacht. Die Blüte des Sextourismus und Menschenhandels bestätigt dies. Eine weitere Form ist auch der männliche Fremdenhass, wenn es um – weibliche – Bedürfnisse geht. In Wirklichkeit ist dies oft eine Kriegsansage an „fremde Mächte" und Absicherung des eigenen Territoriums.

Der Gedanke einer friedlichen Welt und ein Austausch zwischen den Ländern zum Wohle aller wird sofort im Keim erstickt. Hier werden Frauen stumm gemacht, oft auch gefangen gehalten und entrechtet.

Hier wäre es besonders wichtig, männlichen Kindern vorzuleben, dass Männer Frauen achten.

Die Integration in Gesellschaftsformen wie das Patriarchat, die nicht mehr gültig sind, kann nicht gelingen. Neue gesellschaftliche Normen, die den heutigen Bedürfnissen angepasst sind, werden dringend gebraucht. Dabei müssen auch die Unterschiede zwischen städtischen und ländlichen Lebensformen berücksichtigt werden.

Die Betreuungsformen, die wir unseren Kindern zumuten, sind bereits seit 100 Jahren veraltet. Die Reformpädagogik des 19. Jahrhunderts und die Reformen des 20. Jahrhunderts sollten auch bei uns Einzug halten. Bildungsmodelle, die bereits in den ersten Jahrzehnten des 20. Jahrhunderts in nördlichen Ländern Europas erfolgreich umgesetzt werden, würden jedem Kind Möglichkeiten zur Entwicklung individueller Fähigkeiten bieten, die für die gesamte Gesellschaft wichtig sind.

Ganz besonders männliche Kinder brauchen mehr Raum für ihre Entwicklung. Räumliche Erfahrungen können nur im Wechselspiel der Bewegungsformen gemacht werden. Stundenlang in einer Ecke mit Bauklötzen oder an Tischen sitzen und sinnlose Ausschneidearbeiten verhindern die Befriedigung der wichtigen Entwicklungsbedürfnisse. Viele Studien belegen, dass Menschen – nicht nur Kinder – nur in Verbindung mit Bewegung lernen und daher ist eine großzügige räumliche Strukturierung unserer Bildungseinrichtungen besonders wichtig.

Ergänzt werden sollten diese Einrichtungen durch ein Personal, das von seiner Persönlichkeitsstruktur her für diese Aufgabe geeignet ist, das nicht nach alten hierarchischen Modellen, sondern in breit orientierter Ausbildung für den Beruf ausgebildet wird. Nur Personen, die gelernt haben, wertzuschätzen und zu achten, können die Basis für eine humane Bildung sein.

Die Entwicklungsphasen der Kinder müssen wahrgenommen und die Bildungsangebote an die Bedürfnisse der Kinder angepasst werden, nicht umgekehrt.

Hochempfindliche Menschen

Je komplexer der Vorgang ist,
den wir neu in unser Repertoire aufnehmen wollen,
umso schwieriger ist es,
den Überblick zu bewahren.
„Das wäre doch gelacht", Eleonore Höfner

Unsere Kinder zeigen uns, dass der unnötige Arbeits- und Freizeitstress, den wir ihnen bieten, nicht gesund ist. Konzentrationsunfähigkeit durch zu schnelle Orts- und Bild-Wechsel und zwanghafte Betriebsamkeit führen zu Angststörungen und Beziehungslosigkeit. Zunehmende Aggressivität und Schädigungen des Gehörs und anderer Sinne sind die Folge.

Die nötigen Ruhephasen nehmen sich Kinder oft in Form von Krankheiten. Leider wird das dann auch noch mit Medikamenten – oft durch das „Allheilmittel" des Antibiotikums – bekämpft. Diese jungen Menschen werden vollgestopft mit Impfstoffen, statt liebevoll umsorgt einige Tage im Bett zu verbringen und so Kraft für das raue Leben zu tanken.

An die Orientierung an vermeintliche Gesellschaftsforderungen ist die Abgewöhnung von Bedürfnissen geknüpft, ob es sich dabei um Beruhigung durch Befriedigung des oralen Bedürfnisses (Schnuller, Daumenlutschen) oder den Zwang zum Sauber-Werden handelt. Niemand macht sich Gedanken, was diese Maßnahmen für Kinder bedeuten. In der ersten Pubertät, der Trotzphase wird Trennung eingeübt: die Trennung von der Hauptbezugsperson, die Trennung von körpereigenen Flüssigkeiten, der Umgang mit Angst. Außerdem die Koordination von Gefühl, Arbeit, der Aufbau der Fähigkeit, sich selbst an- und auszuziehen, Verschlüsse öffnen zu können, Türen öffnen und schließen zu können, mit einem Wort: komplexeste Handlungen durchführen zu können. Zu dieser Zeit sollte dann auch das

Gehirn reif dazu sein. Die Verknüpfung der beiden Hirnhälften und der notwendige Reifezustand wird erreicht.

Es ist wirklich eine große Leistung, was jungen Menschen zwischen 1,5 und 4,5 Jahren abverlangt wird. Obwohl es in dieser Phase oft nicht möglich ist, die Bedürfnisse der Erwachsenen zu erfüllen, sind gerade dann Zuwendung und liebevolle Unterstützung wichtig.

Zu beachten ist insbesondere, dass der junge Mensch noch hochempfindlich ist, das heißt, seine Sinne sind ausgeprägter als bei älteren Menschen. So kommt es durch zu starke Geräusche, Berührungen, visuelle Eindrücke und viele andere Sinnesbelastungen zu einem Druck, der sich entweder nach außen als aggressive Handlung oder nach innen gegen sich selbst gerichtet in Form von Krankheit (Durchfall und Ähnlichem) zeigt. Bei länger anhaltenden Stresszuständen kann es dann zu Mineralstoff- und Vitaminmangel bzw. zu Organschäden kommen.[34]

Erst viel später, nach dem Durchlaufen vieler Erfahrungen und dem Erleben liebevoller Begleitung, hauptsächlich durch Schutz vor Überforderung, tritt an die Stelle von unkontrollierten Ausbrüchen ein selbstachtendes und selbstbewusstes Verhalten.

Auch glückliche Menschen wissen, dass sich vieles nicht kontrollieren und ändern lässt, aber sie verzweifeln nicht daran. Sie erkennen, wann sie unkontrollierbaren, nicht veränderbaren Umständen ausgeliefert sind und wann nicht. Sie können missliche Umstände relativieren und als Möglichkeit begreifen, etwas für die Zukunft zu lernen. Ihre Grundhaltung ist taoistisch: Konzentration auf das Veränderbare und gelassenes Zur-Kenntnis-Nehmen des Unveränderbaren.

---

[34] Vgl. Georg Parlow: Zart besaitet. Selbstverständnis, Selbstachtung und Selbsthilfe für hochempfindliche Menschen. Wie: Festland Verlag, 2003.

Entwicklungsstörungen

Nur selten geht es um das,
um was es zu gehen scheint.
Wenn es uns gelingt,
das Komplizierte auf seine einfache Form,
die allem zugrunde liegt,
zu reduzieren, werden wir frei,
das Komplizierte einfach zu sehen.
Nur in dem Einfachen hat das Komplizierte Platz.
In der Vereinfachung wächst uns Kraft zu.
Und aus dieser Kraft kommt Weisheit.
Ist etwas erst einfach geworden,
darf es wieder kompliziert werden.

Ulrich Schaffe

Unsere Gesellschaft ist noch immer auf männlichen Wettbewerb und Leistungskampf ausgerichtet. Schneller, weiter, besser – andere Menschen als Gegner, Feinde oder Versager abzustempeln, sind die Maximen. Wir suchen bereits bei der Entstehung des Lebens Fehler – wir optimieren Gene, auch später unsere Kinder – oft mittels Chemie –, um sie leistungsfähiger zu machen und an das von der Gesellschaft Geforderte anzupassen. Ein Schema für alle, ganz gleich, ob damit besondere Fähigkeiten zerstört werden. Der Preis dafür ist die Entfremdung von unseren Mitmenschen, das Scheitern von Beziehungen und letztlich die Selbstzerstörung durch Burnout und Selbstmord. Nicht die Vielfältigkeit steht im Mittelpunkt, sondern Gleichmacherei und die Verhinderung von selbstbewussten und sich ihres Selbstwertes bewusster Menschen.

Zu wenig Raum für Bewegung und zu viel Sitzenmüssen behindern die Bewegungsentwicklung von Kindern. Damit wird auch verhindert, dass das Gehirn und der Gleichgewichtssinn optimal aufgebaut und genutzt werden. Kinder, die mit dieser starren Umwelt nicht zurechtkommen, fordern mit dem Zeigen von scheinbaren Auffälligkeiten wie Bewegungsdrang, lauter Sprache und unkontrolliertem Körperkontakt das für sie Überlebensnotwendige ein. Es konnte belegt werden, dass von dem Anteil der oft mit 80 % angegebenen auffälligen Kinder nur ca. 2 bis 4 % wirklich krank sind.

Gerade Buben, die hauptsächlich von Frauen betreut werden, werden schnell als verhaltensauffällig abgestempelt. Sie leiden unter zu großen Gruppengrößen, hören oft zu intensiv oder entwicklungsbedingt gar nichts. Sie können sich nicht richtig ausagieren, d.h. laufen, hüpfen, kräfteentsprechende Lasten tragen, um ihre Wahrnehmung, die von der Gehirnanlage hauptsächlich räumlich orientiert ist, zu entwickeln. Sie können sich den weiblichen Betreuerinnen nicht verbal verständlich machen. So wird schnell zu Beruhigungsmitteln gegriffen, anstatt genauer hinzusehen und das Umfeld für Kinder wirklich kindgerecht zu gestalten.

In den relativ geringen Fällen von wirklichen Erkrankungen ist der erste Ansatz zur Hilfestellung: beobachten – hinhören und hinsehen – die Umgebung optimieren – die Hilfe und Beratung von Spezialisten einholen – unterstützende Maßnahmen anbieten und nicht abstempeln. Achtsamkeit und Verständnis können Kinder unterstützen und sie auf ihrem individuellen Lebensweg zu wertvollen Mitgliedern der Gruppe bzw. der Gesellschaft begleiten.

Vieles verändert sich in einem Leben zwischen 0 und 18 Jahren. Oft löst die Umwelt Reaktionen aus, die bei Änderungen der Lebensbedingungen verschwinden. Dem Kind kann durch viele Angebote und Möglichkeiten die Entwicklung von Resilienz (Widerstandsfähigkeit) ermöglicht werden, die in Krisen wichtig ist.

Viele Menschen werden erst durch die Behinderung durch andere Menschen und durch die Umwelt zu Behinderten. Dabei hat jeder

Mensch sein individuelles Potenzial, das für die Gesellschaft wertvoll ist. Das, was Kinder immer brauchen, ist, sich der Liebe und der Achtung von Erwachsenen – insbesondere von Seiten der Eltern – sicher zu sein, sowie Ordnung und Rituale, um die Regeln der Gesellschaft, in der sie leben, zu erlernen und andere Menschen, Tiere und Werte zu achten.

Menschen, die sich ihrer selbst wert, sicher und sich ihrer selbst bewusst sind, achten und respektieren auch Andere und Anderes. Sie entwickeln weniger Angst.

*

Umwelt

Was ist das Leben ?
Es leuchtet auf in der Nacht.
Es vergeht wie der Hauch des Büffels im Winter.
Es ist wie der kurze Schatten, der über das Gras huscht und
sich im Sonnenuntergang verliert.

Indianische Weisheit

Unsere Umwelt in unseren Städten ist sehr laut geworden. Straßenverkehr, viele Menschen auf sehr engem Raum und kaum Rückzugsmöglichkeiten bestimmen das Leben. Durch die Technik ist die ständige Erreichbarkeit mittels Handy und Computer ein weiterer Faktor, der zu Dauerstress und damit zu Belastung und Überlastung unserer Sinne führt. Fortwährende Musikberieselung in Geschäften, Büros und durch das I-Phone lässt unser Gehör nicht mehr ausruhen. Viele Menschen leiden in der Folge unter Tinitus (Ohrgeräusche).

Umso wichtiger ist es, Rückzugsmöglichkeiten zu schaffen sowie die Familie und das Zuhause wertzuschätzen. Zeiten und Rituale ohne Technik zu erleben. Dazu gehört auch, Essenszeiten mit unseren Kindern ohne TV zu genießen und uns wieder aufeinander einzulassen. Zu hören, was unsere Kinder und unser/e Partner/in von uns brauchen. Vielleicht auch, weniger im Kaufrausch als in der Beziehung mit anderen Menschen zu leben.

Denn wenn wir unseren Kindern kein Verständnis für Werte, die nicht von Geld und Besitz abhängen, mitgeben, setzen wir sie der Gefahr aus, dass in Notfällen und bei deren eventuellem Verlust ihr Leben bedroht ist. Genau so, wie es bereits durch Umweltverschmutzung der Meere und unserer direkten Umwelt durch Plastikmüll zu Bedrohungen von Tieren und unserer Nahrungsversorgung kommt. Zu viele Hormone in Plastikflaschen und Kinderspielzeug bedrohen bereits unsere männlichen Kinder mit Unfruchtbarkeit. Hier ist das verantwortungsbewusste Auftreten aller Menschen gefordert. Denn wenn wir unsere Umwelt zerstören, zerstören wir uns selbst und damit die Zukunft unserer Kinder. So ist das, was wir unseren Kindern vorleben, auch das, was wir unseren Kindern für ihre Zukunft mitgeben.

Ruhe – Stille – Besinnung

Um sich seiner selbst und seiner Umwelt bewusst zu werden, ist eine „Auszeit" vom Tagesablauf notwendig. Zur Ruhe kommen, darüber nachdenken, was ich bin, wer ich bin, was will ich. Orte suchen, an denen der Alltagslärm ausgeschlossen ist, und Tage, die nicht von Termin- und Arbeitsdruck bestimmt sind, bewusst genießen und Musik, Geräusche und andere Menschen einmal „ruhen lassen". „In die Ferne sehen!" – ohne TV, PC & Co. Die Augen und den Kopf „auslüften" bei Spaziergängen. Am Abend die Dunkelheit wahrnehmen und den Schein einer Kerze beobachten, unser/e Kind/er im Schlaf beobachten. Sich auf diese Weise auf sich besinnen und dankbar sein für sein Leben, gleich, welche Höhen und Tiefen jeder erlebt. Sich des Augenblickes bewusst sein und sich hinwenden. Den eigenen Körper spüren und den Überfluss des Lebens im Hier und Jetzt genießen. Daraus lässt sich Kraft und Freude für das Leben schöpfen.

Alleinsein – Einsamkeit

Ehre dein Kind und es wird dich ehren.

Afrikanisches Sprichwort

Viele Menschen verwechseln Alleinsein mit Einsamkeit. Der Trubel und die Hektik lassen viele Menschen glauben, dass sie nicht leben, wenn sie nicht dauernd unter Druck stehen. Nur bei Unterhaltung und Fremdbestimmung, dem sogenannten Freizeitstress, fühlen sie sich lebendig. Aber gerade dieser Trugschluss macht einsam und leer. Wenn ich Verantwortung für mein Leben übernehme und mein mir Bestmögliches leiste, bin ich erfüllt. Natürlich treten immer wieder Zweifel auf, aber zur Weiterentwicklung müssen wir an unsere Grenzen stoßen, um sie überwinden zu können und Neues zu schaffen.

Aktive Menschen sind manchmal alleine, aber wirklich einsam sind sie sicher nicht. Wenn sich Menschen einsam fühlen, ist das oft mit Krankheit verbunden oder mit der Leere, bei der dann andere verantwortlich dafür gemacht werden, das eigene Leben nicht zu bereichern.

Medienkonsum

Die Menschen sind heutzutage nicht schlechter
als sie früher waren.
Nur die Berichterstattung über ihre Taten
ist gründlicher geworden.

William Faulkner

So wie wir es Kindern vorleben, so leben sie mit uns und so nehmen sie dieses Wissen in die Zukunft mit.

Beim Essen fernzusehen zerstört wichtige Beziehungsmöglichkeiten. Kommunikation und Austausch über Erlebnisse und Bedürfnisse kann so nicht mehr erfolgen. Dazu kommt, dass bei solcher Gewohnheit zu viel gegessen wird, weil die natürlichen Grenzen der Sättigung durch die Bilder am Bildschirm nicht mehr wahrgenommen werden. Der Drang nach dem Gesehenen wird zum eigenen Bedürfnis.

Eine weitere Folge ist, dass die zunehmende Gewalt zu erhöhten Reizzuständen und später zu Abstumpfung und Gefühllosigkeit führt. Sprache und Lesekompetenz werden beeinträchtigt und verarmen, Phrasen ersetzen die Vielfältigkeit der gesprochenen Sprache. Das schrumpfende Verständnis für Sachinhalte und soziale Inhalte durch den Konsum inhaltsloser Fernsehserien engt den Blick ein. Die Identifikation mit den „Helden" führt zu Realitätsverlust und Einsamkeit.

Es ist wichtig, Kindern klar zu signalisieren, dass Medien (TV, PC, I-Pod etc.) nur Werkzeuge, Arbeitsmittel bzw. Hilfsmittel sind. In erster Linie ist der zwischenmenschliche persönliche Kontakt wichtig. Sprache kann nur durch Sprechen erlernt werden und Lesen nur durch Lektüre. So sind für Kinder Menschen, die erzählen und vorlesen, über ihre Gefühle und Erlebnisse reden, die Basis dafür, den Sinn des Lebens und seiner Vielfalt zu verstehen.

Wenn Kinder glauben, dass Milch aus dem Supermarkt kommt und von lila Kühen und dass im Kühlregal Fleisch wächst, dann stimmt einiges nicht.

Es ist gut, dass unser städtisches Leben in vielen Bereichen einfacher gemacht wurde, aber mit der Unkenntnis über die Welt, wie sie wirklich ist, laufen wir Gefahr, kein Verständnis für andere Bevölkerungsgruppen und Lebensumstände mehr zu haben. Daraus entsteht Angst vor Fremden und aggressives Verhalten.

Die Vielfalt des Lebens und der Menschen ist nur begreifbar im Kontakt mit und in der Umwelt. Als Reproduktionsmittel sind Medien phantastisch, Erlebtes kann durch sie transportiert werden. Sie sind aber kein Lebensersatz.

Die Rolle der Eltern

> *Wenn wir die wirklich großen Schätze vor uns haben,*
> *erkennen wir es nie.*
> *Und weißt du auch, warum?*
> *Weil die Menschen nicht an Schätze glauben.*
>
> „Der Alchimist", Paulo Coelho

In „Erziehung für eine neue Welt" bemerkt Maria Montessori:

„Es steht nun mehr fest, dass sittliche Erziehung allein Charakterentwicklung bedeutet und dass Charakterfehler zum Verschwinden gebracht werden können ohne Predigen und Strafen, sogar ohne dass der Erwachsene ein gutes Beispiel geben müsste. Weder Drohungen noch Versprechungen sind nötig, wohl aber Lebensbedingungen."[35]

Und an gleicher Stelle heißt es:

„Nun habe ich in meinen Schulen erlebt, dass die sogenannten guten und schlechten Eigenschaften alle verschwanden, sobald das Kind sich für Aufgaben interessierte, die seine Aufmerksamkeit erregten. Die sogenannten guten und schlechten und überragenden Kinder gingen alle gleichermaßen in einer einzigen Art auf, ohne irgendeine dieser Eigenschaften. Das zeigt, dass die Welt bisher nicht imstande war, Gut und Böse zu messen, und dass ihr Urteil falsch war. Als wahres Ziel aller Kinder offenbarte sich die Beständigkeit im Arbeiten und der eigene Antrieb in der Wahl

---

[35] Maria Montessori: Erziehung für eine neue Welt, S. 130 ff.

der Tätigkeit, ohne Anleitung durch Lehrer. Sie folgten einer inneren Anleitung und beschäftigten sich mit einer für jedes Kind verschiedenen Tätigkeit, die ihnen Freude und Zufriedenheit schenkte. Dann tauchte etwas anderes auf, was man bei Kindern noch nie zuvor erlebt hatte: eine freiwillige Disziplin."[36]

Und in „Kinder sind anders" konstatiert sie:

„Es gilt, der eindrucksvollsten Tatsache ins Auge zu sehen, dass das Kind ein Seelenleben hat, dessen zarte Ausdrucksformen unbemerkt bleiben, und dass der Erwachsene, ohne es zu wollen, den Aufbauplan der Kinderseele zunichtemachen kann, die Umgebung des Erwachsenen ist keine Leben bringende Umwelt für das Kind, sondern eher eine Anhäufung von Hindernissen, zwischen denen das Kind Abwehrkräfte entwickelt, zu verbildenden Anpassungen genötigt wird und allerlei Suggestionseinflüssen unterliegt."[37]

Die Eltern sind die Wächter des Kindes, aber nicht seine Bauherren. Sie müssen es pflegen und beschützen im tiefsten Sinn dieser Worte, gleich einem, der eine heilige Aufgabe übernimmt, die über die Anliegen und Begriffe des äußeren Lebens hinausreicht. Zu solcher Aufgabe müssen die Eltern die Liebe, die von der Natur in die Seele gelegt wurde, läutern und sie müssen verstehen, dass diese Liebe der bewusste Teil eines noch tieferen Gefühls ist, das nicht durch Egoismus oder Trägheit des Herzens verdorben werden darf. Die Eltern müssen mit Offenheit und Bereitschaft dem brennendsten Sozialproblem begegnen: dem Kampf um die Anerkennung der Rechte des Kindes.[38]

---

[36] Ebd.
[37] Maria Montessori: Kinder sind anders, S. 155.
[38] Ebd., S. 289.

Beziehung und Bindung

Bindung ist das gefühlstragende Band,
das eine Person zu einer anderen
spezifischen Person anknüpft und das sie
über Raum und Zeit miteinander verbindet.

John Bowlby

Um friedlich miteinander leben zu können, ist gegenseitige Achtung zwischen Kindern und Erwachsenen notwendig. Nachdem die Leibeigenschaft generell beseitigt worden war und 1996 in Österreich auch endlich das Züchtigungsrecht gesetzlich abgeschafft wurde, ist es an der Zeit, auch in der Erziehung abzurüsten.

Maria Montessori sagt bereits 1946: „Der Konflikt zwischen Kindern und Erwachsenen hat Folgen, die sich endlos über das ganze menschliche Leben hin ausbreiten, den Wellen vergleichbar, die von der Einwurfstelle eines Steines sich bis an die äußersten Ränder des Wasserspiegels fortpflanzen. Im einen wie im andern Fall handelt es sich um Schwingungen, die konzentrisch nach allen Richtungen hin auslaufen."[39]

Montessori hat sich nach dem Zweiten Weltkrieg und nach ihrer Zeit in Indien wie viele andere mit dem menschlichen Zusammenleben in der Gesellschaft beschäftigt. Die Ängste und Nöte nach dem Krieg ließen viele Menschen auf Frieden hoffen, auch wenn der Kommunismus weiterhin eine drohende Gefahr war. Das eigene Leben selbst zu bestimmen war hingegen für viele etwas Neues. Oft wirkten alte patriarchale Familiensysteme noch nach.

Nach den nun mehr als 60 Jahren, die nach dem Zweiten Weltkrieg vergangen sind, lösen sich in Europa diese Strukturen auf. Neue

---

[39] Maria Montessori, Die Macht der Schwachen, S. 30 ff, Herder, 1989

Lebensgemeinschaften treten an die Stelle der klassischen Familie. Es wird oft beklagt, dass Kinder in ihren Eltern keine Vorbilder für ihren Lebensentwurf mehr hätten und dass daher Desorientierung und Gewalt vorherrsche.

Dazu sagt Maria Montessori: „Ja, die sattsam bekannten Übel des Erwachsenen – physische Krankheit ebenso wie nervöse und geistige Störungen – spiegeln sich im Kinde wider und im Kindesleben können deren erste Symptome sich ankündigen. Der Erwachsene und das Kind, die einander lieben und miteinander leben sollen, befinden sich durch Missverständnis in einem Konflikt, der die Wurzeln des Lebens zerstört und sich in undurchdringlichem Geheimnis vollzieht."[40]

Die offensichtliche Freiheit wird meist mit Un-Verantwortung verwechselt. Denn gerade die Herausforderung, im Miteinander gegenseitige Achtung und Toleranz zu leben, ist auch eine Chance, eine neue Gesellschafts- und Weltordnung anbrechen zu lassen.

Eine vertrauensvolle Bindung zwischen Kindern und Erwachsenen in der Familie gibt dem Kind Sicherheit und Urvertrauen sowie innere Stabilität für das weitere Leben, in Beziehungen und Krisen. Schon in der Schwangerschaft fühlt das Kind: Es spürt die Angst der Mutter, hört Lärm und erlebt ihre Unsicherheit mit. Probleme in der Schwangerschaft und bei der Geburt können sich daher auf das gesamte Leben des Kindes auswirken und Ängste und Phobien haben oft dort ihren Ursprung.

Aber auch später erlebt das Kind die von den Eltern ausgehenden Stimmmungen. Wenn sie sich im Umgang mit ihrem Kind sicher fühlen, seine Bedürfnisse verstehen und sinnvolle Grenzen vertreten, nimmt es dieses Verhalten als sicheren Schutz wahr. Dort, wo das Verhalten mit dem Unterbewussten nicht übereinstimmt, wo Mütter ihre Ängste auf das Kind projizieren, erlebt es die Situation

---

[40]   Ebd., S. 257.

als unsicher und lebensbedrohend. Dies äußert sich oft in Schreck-haftigkeit, Schreien, Klammern und vielem mehr.

Es ist wichtig, dass Eltern darauf achten, ihre Probleme und Verant-wortung nicht auf das Kind zu übertragen. Kinder brechen darunter zusammen, werden krank oder geben ihr Leben auf.

Als Erwachsene sind wir gefordert, uns selbst zu pflegen, geistig und körperlich. Dadurch schützen wir unsere Kinder davor, Verantwortung für etwas zu übernehmen, was eigentlich unsere eigene Aufgabe ist.

Die Entscheidung, ein Kind zu bekommen

Überlege einmal, bevor du gibst,
überlege zweimal, bevor du nimmst,
überlege tausendmal, bevor du forderst.

Chinesische Weisheit

Die Entscheidung, ein Kind auf die Welt kommen zu lassen und dieses ein Leben lang zu begleiten, ist in – den meisten Fällen – nicht alleine Sache der Frau. Und doch verhalten sich Männer so, als hätten sie keine Verantwortung mitzutragen.

Von der Berufstätigkeit, die den meisten Frauen ab der Schwangerschaft zur unüberwindlichen Hürde wird, bis zum patriarchalen Verhalten, das Mann plötzlich als allgemeingültig präsentiert: Beziehungen, die schon Jahre andauerten, verändern sich plötzlich für die Frau und kehren häufig zurück in frühzeitliche Verhältnisse. Der Mann möchte sich dann seine Finger nicht schmutzig machen – nicht einmal am eigenen Kind. Da zählt dann für manche Männer auch das Einkommen als Ausrede für die eigene Unfähigkeit und sie geben die Kinder lieber an „Ersatz-Frauen" wie Großmütter und Kindermädchen ab.

Sogar der Weiterbestand des Staates wird vom Mann an die Frau delegiert. Wenn Frauen statistisch zu wenig Kinder bekommen, sind sie schuld an der „Überfremdung" durch die kinderreichen Zuwandererfamilien. Das alles wäre bei einer „Einsicht der Frau" schließlich kein Thema.

So steht Frauen eine breite Palette von Vorwürfen wegen Fehlern und Fehlleistungen von Seiten des Mannes zur Auswahl.

Das, was an die jüngeren Generationen durch das Vorleben alter Klischees weitergegeben wird, soll der Absicherung männlicher

Lebensbequemlichkeit dienen. Wenn Frauen sich erdreisten zu rekla-
mieren, dass sich nicht wirklich etwas verändert hat, haben Männer
ein schlichtes Argument: „Das sehe ich nicht so!"

Frauen wird Verantwortung aufgedrängt, die nicht ihre ist. Es wird
von Gleichheit geredet und Diskriminierung gelebt. In unserer Gesellschaft, die stark überaltert ist und zu zwei Dritteln aus Frauen besteht, ist der Wandel zu einer sozialen Gesellschaft und zu Wertschätzung sozialer Arbeit unausweichlich. Neue Strukturen in Bildung,
Medizin und Betreuung von Menschen – die ganzheitlich ausgelegt
sind, also weibliche und männliche Bedürfnisse gleichwertig akzep-
tieren – sind dringend notwendig.

Wertschätzung und Achtsamkeit statt Leistungsdruck ermöglichen
lebenslanges ganzheitliches Lernen. Erst wenn wir unsere Kinder, die
unsere Zukunft und das humane Kapital unserer Gesellschaft sind,
achten, wird unsere Gesellschaft in ihrer Vielfalt auch alte Menschen
integrieren. Momentan kennzeichnet die europäische Gesellschaft
das Vorhandensein vieler ausgeschlossener Gruppen. Nur die Einheit
und die Achtung aller als wertvolle Menschen sowie gegenseitiger
Respekt geben uns Hoffnung für die Zukunft.

Die Stellung der Frau in unserer Gesellschaft

Süß wie die Mutter ist dem Kind nichts auf der Erde.
Ja, Kinder, habt die Mutter lieb!
Das Leben bringt euch keine Liebe,
die so wohl tut wie diese.

Euripides

Die kapitalistische Leistungsgesellschaft und ihre unzähligen Werbeversprechen und Verheißungsbotschaften suggerieren den Menschen teilweise völlig irreale und unsinnige Idealvorstellungen, die es angeblich zu erreichen gibt, um glücklich zu werden: sei es die perfekte Mutter, der erfolgreiche Geschäftsmann, das sexy Model, der von allen schönen Frauen begehrte Muskelprotz usw.

Am Beispiel der grenzenlos sich aufopfernden Mutter lässt sich das etwas näher zeigen. Ich setze in der folgenden Tabelle den fiktiven, d.h. nie zu erreichenden und, genau betrachtet, unsinnigen Idealen eine angemessene und realistische Variante entgegen – wobei ich keineswegs die Berechtigung oder Sinnhaftigkeit guter Ideale bestreiten möchte.[41]

Unangemessenes Idealbild einer guten Mutter (Beispiele):	Realistisches Bild einer guten Mutter (Beispiele):
Stets ansprechbar, immer hilfsbereit.	Meistens ansprechbar, meistens hilfsbereit.
Für alles zuständig, was das Kind betrifft, auch wenn es schon älter ist: Wecken, Kleidung, Frühstück,	Nützliche Begleitperson durch den Alltag; Initiatorin für die Selbstverantwortung des Kindes,

---

[41] Jürg Frick: Die Kraft der Ermutigung. Grundlagen und Beispiele zur Hilfe und Selbsthilfe. Bern: Verlag Hans Huber, 1. Auflage, 2007, S. 298.

Bett machen, Zimmer aufräumen, zur Schule fahren, Freizeitgestaltung; Probleme des Kindes lösen.	Arbeitsteilung mit dem Kind absprechen; für sich selbst Zeit einräumen; auch eigene Hobbys und Interessen pflegen.
Das Kind steht ausschließlich im Zentrum.	Das Kind ist ein wichtiger, aber nicht der einzige Teil im Leben.
Kämpft für ihr Kind bei Problemen in der Schule; steht immer auf der Seite des Kindes.	Die Schule ist letztlich die Aufgabe des Kindes; hilft zur Selbsthilfe; steht an der Seite des Kindes.
Macht keine Fehler im Umgang mit dem Kind.	Auch eigene Fehler gehören zum Leben; zeigt Humor.
Immer gut gelaunt.	Häufig gut gelaunt.
Macht alles für das Kind.	Macht so viel für das Kind, wie es sinnvoll und auch möglich/ realistisch ist.

Vielfach ist die Gleichmacherei von Mann und Frau gefährlich, denn in der Medizin bedeuten die Geschlechterunterschiede oft Lebensgefahr für die Frau. Eine weibliche Sicht auf die Medizin zeigt, dass die notwendige Medikamentengabe und in vielen Fällen auch die Krankheitsverläufe bzw. der Zeitpunkt für eventuelle Operationen bei Männern und bei Frauen unterschiedlich sind und dass der weibliche Körper Krankheiten ganz anders verarbeitet bzw. auf sie reagiert. Auch hier müssen weitere Studien auf die Geschlechterunterschiede eingehen, da die meisten weiterhin nur männlich orientiert sind. Eine Änderung des Zuganges zu weiblichen Bedürfnissen kann Leben retten.

So ist es auch in anderen Lebensbereichen, in denen Frau durch die körperliche Umstellung (z.B. in der Nachschwangerschaft) bis zum dritten Geburtstag des Kindes zusätzlich zu den normalen monatlichen

Schwankungen starken hormonellen Schwankungen ausgesetzt ist. Daraus ergeben sich Gefühls- und Konzentrationsschwankungen. Die Mehrfachbelastung durch die Familie, das Kind und dessen Umwelt sowie der Beruf und das Außer-Acht-Lassen der eigenen Bedürfnisse führen bei Frauen oft zu Depression und/oder Burnout.

Die Wandlungsphasen einer Frau

> *Krise ist ein produktiver Zustand.*
> *Man muss ihr nur den Beigeschmack*
> *der Katastrophe nehmen.*
>
> Max Frisch

Unsere Gesellschaft erwartet von weiblichen Mitgliedern noch immer Anpassung an männliche, patriarchale Vorstellungen. So geht auch die Kindererziehung noch immer vom „Erbprinzen" aus. Gerade ältere weibliche Familienmitglieder, die den Zweiten Weltkrieg erlebt haben und wissen, was Frau alles auf sich nehmen musste, machen Druck auf junge berufstätige Frauen.

Die Biedermeier-Phase der 1960er Jahre, die heute noch in begüterten Familienstrukturen der mittleren Gesellschaftsschicht gelebt wird, presst Frauen in eine persönliche Machtlosigkeit. In die Rolle eines „Mutter-Tieres".

Demgegenüber wird der heutigen modernen Frau die Haus- und Hofmacht früherer Gesellschaftsformen vorenthalten. Unter fadenscheinigen Vorwänden werden sie einer Ungleichbehandlung gegenüber Männern in der Gesellschaft ausgesetzt. Es geht hauptsächlich um Gleichschaltung der Geschlechter und nicht um Gleichwertigkeit. Der Mann definiert gleiche Rechte immer noch meist als gleiche männliche Rechte.

Genau dies aber brauchen Frauen nicht. Für Frauen ist ein weiblich orientiertes und gewertetes Leben wichtig. Gerade die Kompetenzen, die sie mitbringt, wie Teambereitschaft, Kommunikationsfähigkeit und -vielfältigkeit, vernetztes Denken und mehrdimensional operierende Managerqualitäten sind auf Humanität und Lebenserhalt ausgerichtet. Nicht auf unmenschlichen Leistungsdruck (Wissenswettkämpfe,

Sportwettkämpfe/Olympiaden etc.), der nur ein Kriegsersatz ist, Menschen vernichtet (Burnout) und in unserem Bildungssystem wirkliche Bildung und Leistung verhindert. Der zudem massiv unser Gesundheitssystem belastet und von Lobbyisten (Waffenlobby) zur Destabilisierung der Weltordnung und zur eigenen Machtsicherung benützt wird. Dieses Denken zerstört nur die Menschen und die Umwelt.

Da Frauen bereits während der Erziehung zur Anpassung und zum Sozialverhalten Dritten gegenüber (Pflege) angehalten werden, entsteht bei ihnen schon früh ein unangenehmes Gefühl, wenn die eigene Person in den Mittelpunkt gestellt wird. Die Gesellschaft bringt dann schnell abwertende Parameter zum Einsatz, die in der Berufswelt schnell in Mobbing ausarten können. Frau ist dann schnell eine „Emanze", ein „Mannweib" oder eine „Tussi" und vieles mehr. Hauptsache, man kann sie entwerten, und wenn das nicht wirkt, ist die „Gefahr des Kinder-Bekommens" noch ein weiteres Argument, warum Frau nicht „funktioniert".

Männer definieren weiterhin, wie Frauen sich zu fühlen haben, und können es doch selbst nicht nachvollziehen. Kein Mann kann sich die Wandlungen, die Frauen in verschiedensten Zeit-Zyklen durchmachen, vorstellen, auch nicht die Umstände der Vor- und Nachbereitung bei der Geburt eines Kindes, die Lebensveränderungen durch Körper und Gesellschaft. Trotzdem maßen sich Männer immer noch die Stellung des „Fach-Mannes" an.

Es ist an der Zeit, endlich eine Gesellschaftsform zu schaffen, die auch Frauen ein wertvolles Leben ermöglicht. In der keine Abwertungen der Ansichten, Bedürfnisse und Leistungen, die für die Gesellschaft erbracht werden, erfolgen.

Der Streit um Quoten sollte endlich der Vergangenheit angehören und Frauen eine gleichwertige Stellung zugestanden werden. Es ist genug für alle da und die Menschen und unsere Erde sind zu wertvoll, um alles zu zerstören.

Die Stellung des Mannes in unserer Gesellschaft

Auf Kinder wirkt das Vorbild,
nicht die Kritik.

Heinrich Thiersch

Von der „Mannwerdung" und dem männlichen durch Hormone strukturierten Gehirn ausgehend, ist das soziale Umfeld nicht unbedingt auf männliche Bedürfnisse wie Jagen und Abenteuer ausgerichtet. Seine „Einfachheit" in Verhalten und Umsetzung, das Manko, nur eine Tätigkeit zur selben Zeit ausüben zu können, erklärt viele Probleme, die Mann hat. Selbst die Unfallstatistiken zeigen, dass die männliche „Tunnelsicht" mit übersteigertem Imponiergehabe, Rücksichtslosigkeit und zu hohem Tempo meist in einem Schrotthaufen endet.

Der Dauerstress, der in Sachen Fortpflanzung entsteht, führt häufig zu Missverständnissen mit der weiblichen Welt. Wie viel einfacher hätten es Männer, wenn sie etwas von weiblicher Kommunikation verstehen würden. Frauen brauchen keine männlichen Lösungen, sie wollen erzählen, was sie bewegt, und statt supergescheiter Ausflüchte benötigen sie das Gefühl des Verstandenwerdens und des Angenommenseins. Es wäre so einfach, wenn jeder so sein könnte, wie er/sie ist und versuchen würde, den/die andere/n zu verstehen.

Leider hat sich seit der Steinzeit nicht viel geändert. Das Ansehen des Mannes steigt mit seinem „Verbrauch" von Frauen. Der Gedanke der Gleichheit ist hier etwas unglücklich gewählt. Denn selbst wenn Frau Gleiches tut wie der Mann, wird dies in der Gesellschaft nicht von gleichem Wohlwollen begleitet. Wenn jedoch jedes Geschlecht den gleichen Wert hat und einander mit Achtung und Respekt begegnet wird, dann hat jegliche Diskriminierung ein Ende.

Verantwortung – Gesellschaft vs. Eltern

Ein Kind ist eine sichtbar gewordene Liebe.
Novalis

Seit der Wandlung der Familie von den bäuerlichen Strukturen der ländlichen Bevölkerung zur städtischen Kultur und der Industrialisierung des 19. Jahrhunderts wurden der Institution Familie viele Aufgaben aufgelastet.

Mit dieser Änderung des Berufsumfeldes gerieten gewohnte Ordnungen durcheinander. Die Eltern, die aus dem häuslichen Umfeld – Bauernhof, kleiner Gewerbebetrieb, Haushalt – viele Stunden über in eine unbekannte Fabrik verschwanden, hatten keine Zeit mehr für ihre Kinder. Es mussten nun auch Kinder in Fabriken arbeiten oder sie wurden in Aufbewahrungsanstalten – Kindergärten, Tagesheimen – untergebracht, die Zucht und Ordnung repräsentierten.

Da die Zustände für die Kinder nicht annähernd zufriedenstellend waren, setzten sich viele Mediziner und Pädagogen mit humaneren Lebensbedingungen und den wirklichen Bedürfnissen der Kinder auseinander. Janus Korczak zeigte die schrecklichen Auswirkungen zu früher außerhäuslicher Aufbewahrung von Kindern und die Wichtigkeit der liebevollen Zuwendung der Eltern auf. Maria Montessori erweiterte ihre Arbeit mit geistig behinderten Kindern auf die Arbeit mit „normalen" Kindern und entwickelte ihre Pädagogik als Gesamtkonzept einer durchdachten, umfassenden kindgerechten Entwicklungs- und Bildungsbegleitung bis ins junge Erwachsenenalter.

Von den Anfängen der Kinderaufbewahrung mit dem Hintergrund der „Er-Ziehung" zu hierarchisch unmündigen Menschen, die ihre

Bedürfnisse den Bedürfnissen der Gruppe und des Staatsoberhauptes unterstellten und oft heute noch unterstellen, bis hin zu mündigen, verantwortungsbewussten und sich ihrer selbst bewussten Menschen wurden viele politische Experimente durchlaufen und in einigen Staaten auf der Welt neue Betreuungs- und Bildungsformen hervorgebracht und anerkannt.

Da sich politische Umwälzungen in den letzten Jahrhunderten sehr schnell vollzogen, sind andere Bildungsformen einerseits vielen älteren Personen selbst bekannt und wichtig. Genauso aber stellen sie für Menschen, die sich schon als Kinder im nationalsozialistischen Regime unterordnen mussten, eine Bedrohung dar.

Veränderungen machen vielen Menschen Angst, da es oft einfacher ist, Schädigungen hinzunehmen, als in einer noch ungewissen Zukunft vielleicht besser leben zu können. Da werden dann oft die Wünsche, „es soll den Kindern besser gehen als uns", vergessen.

In der derzeitigen wirtschaftlich sensiblen Phase sind diese Veränderungen aber wichtig, denn wenn die Machtstrukturen nicht schnell geändert werden, steht vielen Staaten in einigen Jahren der Bankrott bevor. Wir werden dann nicht nur den Umweltbankrott erleben, sondern auch unseren gesellschaftlichen Bankrott und das zulasten der nächsten Generationen.

Eltern, geht euren eigenen Weg,
übernehmt Verantwortung!

Ob man eine berufliche Herausforderung meistert,
auf dem Kamm einer gewaltigen Welle reitet
oder seinem Kind die Buchstaben des Alphabets beibringt –
all diese Beschäftigungen können dazu führen,
dass unser ganzes Sein
zu einem einzigen harmonischen Energiestrom vereinigt wird,
der uns aus den Ängsten und der Langeweile des Alltags heraushebt.

Mihály Csíkszentmihályi

In den letzten Jahren wurde immer wieder festgestellt, dass Eltern keine Vorbilder haben und aus diesem Grund Probleme mit Kindern und Beziehung schwer oder gar nicht bewältigen könnten.

Da das menschliche Leben keine Konstanten kennt und die Geschichte zeigt, dass es nie feste Regeln gab, die für immer galten, sollten Eltern ihre Verantwortung übernehmen und ihren eigenen Weg suchen. Bei Problemen sofort aufzugeben und Beziehungen wegzuwerfen, ist keine Lösung. Jeder Mensch hat die Möglichkeit, durch Erfahrungen zu reifen und im Umgang mit anderen Menschen zu lernen, sich Zeit zu nehmen und Probleme durchzustehen, mit eigenen Lösungsansätzen zu arbeiten und diese vielleicht auch wieder zu verwerfen, er sollte aber mit seinen Partnern, gleich ob Erwachsene oder Kinder, in Liebe, respektvoll und achtsam umgehen.

Wenn es auch nicht immer leicht ist, geltende Gesellschaftsnormen zu respektieren und den Frauen und Kindern die ihnen zuerkannten Menschenrechte tatsächlich zu leben, ist es die Verantwortung der Eltern, dies für ihre Kinder um- und durchzusetzen und für die Gesellschaft als Vorbild die Normen gegenseitiger Liebe in den Vordergrund zu stellen. Ein Abschieben auf Bildungs- und

Betreuungseinrichtungen, wo Menschen mit den gleichen Problemen kämpfen, ist nicht zielführend.

Eine Zusammenarbeit aller Erwachsener, ohne dabei irgendeine Gesellschaftsgruppe auszunehmen, weil es Mann/Frau nicht betrifft, ist für die Neuorientierung unserer Gesellschaft notwendig. Es ist wichtig, ohne Neid auf andere zu handeln, da genug für alle da ist.

Unser Gehirn ist so toll angelegt, dass die Hormone Frau zur Mutter und Mann zum Vater machen können, machen wir daraus eine bessere Welt für unsere Kinder.

Sicherheit – sich seiner sicher sein

Sicher ist, dass nichts sicher ist. Selbst das nicht.

Joachim Ringelnatz

Wie bereits angesprochen, müssen Kinder ihren Eltern vertrauen können, sie müssen durch diese Sicherheit und Rückhalt erleben. Kinder können und dürfen keine Verantwortung übernehmen oder übertragen bekommen, die eigentlich Erwachsenen zusteht.

Kinder müssen sicher sein können, geliebt und respektiert zu sein und in ihren Bedürfnissen alters- und entwicklungsentsprechend gefordert und gefördert zu werden. Nur so kann eine sicher in sich ruhende und selbstsichere Persönlichkeit heranreifen.

Auch in Krisenzeiten ist Liebesentzug („Ich gehe jetzt, wenn du nicht ...") keine Lösung. Mit achtsamer, wertschätzender und beschreibender Sprache und einem entsprechenden Verständnis („Ich sehe, du ärgerst dich, und trotzdem machen wir ...") sind Konflikte, auch wenn die tagtäglich auftreten, für beide Seiten gut lebbar. Wenn das Kind sich in seinen Bedürfnissen wahrgenommen und verstanden fühlt und die Möglichkeit bekommt, die Situation besser zu verstehen, ist ein Kampf unnötig. Verständnis und das Angebot einer Alternative, auch zu einem späteren Zeitpunkt, helfen beim Zusammenleben.

Oft bewirken unterbewusste Schuldgefühle eine Verzerrung der Wahrnehmung einer Handlung. Dann geschehen auch mal Fehler. Hier ist es besonders wichtig, dass Erwachsene sich und dem Kind das auch eingestehen („Entschuldige, es tut mir leid.").

Wir sind nicht unfehlbar und Kinder lernen daraus, dass wir ehrlich sind und dasselbe von ihnen erwarten. Unser Verhalten ist das, was für unsere Kinder „Gesetz" ist. Doch alle Regeln und Grenzen werden von ihnen immer wieder auf Gültigkeit und Sinnhaftigkeit überprüft. Sie bilden die Basis für das Rechts- und Gerechtigkeitsempfinden unserer Kinder.

Wenn wir lügen und betrügen, müssen wir ein solches Verhalten bei unseren Kindern eventuell später (Pubertät) auch zur Kenntnis nehmen. Wir geben unsere Gene, unsere Wertehaltung und unser Leben als „Vorlage" weiter. Was wir tun und wie wir leben, das muss uns bewusst sein. Es wirkt alles, was getan und ausgesprochen wird.

Daher ist es besonders wichtig, achtsam zu sprechen, wenn Familienbeziehungen sich verändern (Probleme in der Erwachsenenbeziehung; Ereignisse, die das Kind verunsichern). Egal wie alt die Kinder sind, sie bekommen alles mit, selbst wenn sie es offensichtlich nicht verstehen. Es besteht dann die große Gefahr, dass sie die Schuld für die Probleme der Eltern auf sich nehmen und darunter leiden. Als Eltern sind wir verantwortlich. Wir müssen gegenüber dem Kind die Haltung einnehmen: „Ich/wir sind groß und erwachsen, das ist unsere Sache. Du bist das Kind. Das ist nicht deine Sache!" Wenn die Lage so deutlich angesprochen wird, atmen Kinder meist erleichtert durch.

Egal, was wir in unserem Leben erlebt haben, wir müssen es selbst bewältigen. Wir dürfen es nie unseren Kindern „umhängen". Sie sind unsere Kinder und wir sind für sie verantwortlich.

Humor in der Erziehung

Alle Menschen sind klug –
die einen vorher, die anderen nachher.

Voltaire

Lachen und Freude sind menschliche Eigenschaften, die das Leben lebenswert machen. Über sich selbst lachen zu können, erleichtert das Leben und baut Stress ab. Selbst Konflikte verlieren ihren Schrecken, wenn wir gemeinsam lachen. Es darf dabei jedoch keiner zum „Opfer" werden.

Der Zeitdruck unserer Gesellschaft führt zum Kampf. Es wird gestoßen und gedrängelt, um noch schnell in die U-Bahn zu kommen, es wird in den Geschäften alles zerwühlt, wir reißen Kindern die Kleider und die Schuhe vom Körper und wir wundern uns, dass sie schreien und weinen, wenn sie so behandelt werden, obwohl ihnen doch körperlich und seelisch wehgetan wird.

Einmal durchatmen, auf die eigenen Handbewegungen achten, in Ruhe langsam das tun, was notwendig ist – dann geschieht das Wunder und plötzlich geht alles schneller! Wir bestrafen uns dann nicht mehr gegenseitig. Wir nehmen uns wahr.

Selbst im Unausweichlichen können wir unseren Kindern immer die Wahl zwischen zwei Möglichkeiten (die das gleiche Ergebnis bringen) geben. Dieses paradoxe Verhalten erfordert keinen Druck und entspannt die Situation. Es entsteht eine Win-win-Situation. Da, wo es keine Verlierer gibt, gibt es nur Gewinner – und in der menschlichen Beziehung gegenseitige Liebe.

Die Zeit und andere gesellschaftliche Vereinbarungen

Oft werden nämlich Gelassenheit und innere Ruhe
mit Nichtstun verwechselt.
Man muss aber gar nicht zornig sein
oder sich über etwas ärgern, um Dinge zu ändern.
„*Die Kunst einen Drachen zu reiten*", Bernhard Moestl

Dass es Zeit nicht gibt, hat schon Albert Einstein festgestellt. Das gilt übertragen auch für Kinder, die nach ihrem Biorhythmus leben, der sich hauptsächlich am Überleben orientiert. Hierzu ist die Erfüllung von grundsätzlichen Bedürfnissen wie Ernährung, Schlaf, Ruhe, Liebe, Zuwendung wichtig.

Die Entstehung des Gefühles für Zeit wird durch Beobachtung und Erleben entwickelt. Eine Wiederholung von vielen Zeit-Erlebnissen bis zum 12. Lebensjahr lässt bei Kindern das Zeit-Gefühl, das in unserem Leben notwendig ist, entstehen. Diese ist immer eine Anpassungsleistung an das jeweilige Lebensumfeld.

In einem städtischen Leben ist die Zeitform stundenorientiert an die Uhr angepasst. In einem ländlichen Umfeld ist das Zeit-Gefühl an den Tagesablauf mit Sonnenaufgang und Sonnenuntergang und an die Jahreszeiten gebunden.

Für Kinder ist es in einem städtisch-berufsorientierten Umfeld schwerer, sich anzupassen, da die Tagesrhythmen zwischen Wochentagen, Wochenenden und Urlaubszeiten der Eltern schnell wechseln. So müssen Kinder oft krank werden, um zur Ruhe zu kommen. In diesen Krankheitsphasen finden sichtbare körperliche Wachstumsschübe statt und es werden geistige Errungenschaften in Sprache und Verhalten sichtbar.

Auch wenn es für Erwachsene so erscheinen mag, es ist nicht notwendig, dass junge Kinder ein Leben im Zeitraffer leben. Bei einer Lebenserwartung von ca. 80 bis 100 Jahren muss nicht alles in den ersten sechs Lebensjahren erledigt werden. Lebensqualität bedeutet für Kinder viel eher Sicherheit und Liebe in der Beziehung zu den Eltern sowie ein Zuhause, wo es Ruhe, Zuwendung und Gleichmäßigkeit gibt, ein nahes Umfeld, das überschaubar ist und wenig Aufregung und Unsicherheit bietet. Wochenenden mit Ausflügen, die mit Eindrücken „überfüllt" sind, erleben Kinder als „erdrückend" und sind von ihnen kaum bewältigbar. So gut es Eltern auch meinen, Kinder brauchen keine Dauerberieselung mit Aktivitäten. Sie möchten ihre Eltern bei ihrem Tun und Sein erleben und kennenlernen, ihre Rückschlüsse und Erkenntnisse in Ruhe machen und verarbeiten. Kinder, die überfordert sind, zeigen Unruhe und „schreien um Hilfe". Manchmal hilft es Eltern, sich auf die Körperhöhe des Kindes zu begeben, um zu erleben, wie und was das Kind sieht und wie bedrohlich Erwachsene in ihren schnellen und bedrohlichen Körperhaltungen auf es wirken.

Die Zeit eines Kinderlebens ist so kurz, machen wir es nicht unmöglich, genießen wir es zusammen mit unseren Kindern.

Ordnung und Werte – „Geld ist nicht alles!"

Der beste Weg,
einen Freund zu haben,
ist der,
selbst einer zu sein.
Ralph Waldo Emerson

Geld wurde als Tauschmittel für Leistungen oder Tauschobjekte erfunden. Geld und Profit als gesellschaftliche Werte zur Orientierung für unsere Gesellschaft und als Weltordnung einzusetzen, geht an deren Idee vorbei.

Wenn Menschen als Tauschmittel für Geld entwertet werden, wenn Werte wie Respekt, Achtung und Demut ausgeschaltet werden, weil es dafür keinen Geldwert gibt, ist eine Enthumanisierung die unausweichliche Folge. Wenn der Umgang mit Ressourcen die Zerstörung der Umwelt zur Folge hat, weil die Wertschätzung unseres Lebens keinen Wert hat, sägen wir den Ast ab, auf dem wir sitzen.

Geld als Ersatz für Liebe und Zuwendung für unsere Kinder erzeugt Angst und Gewalt, da sie sich dann verlassen und im Stich gelassen fühlen. Liebe gibt es nicht für Geld, Liebe ist ein Geschenk und jeder, der glaubt, dass er sich Liebe kaufen kann, irrt. Liebe ist selbstlos. Liebe kann die Welt bewegen und zerstört sie nicht.

Das kann nicht die Basis für Elternschaft sein. Kinder sind das Sichtbarwerden der Liebe zwischen zwei Menschen.

Familie und Bildungseinrichtungen

*Es ist gut,
dass Du bist, wie Du bist,
Du kannst es !*

„Die Kunst einen Drachen zu reiten", Bernhard Moestl

Die Frage der richtigen Betreuungsform für Kinder als Ergänzung zur Familienarbeit verlangt eine besonders verantwortungsvolle Entscheidung, die nicht nur von der Mutter des Kindes, sondern von der ganzen Familie getroffen wird.

Wenn Frauen die beste außerhäusliche Betreuung suchen und entscheiden, diesen Weg zu gehen, sollte mitbedacht werden, dass für die Familie eine zufriedene berufstätige Mutter besser als eine unzufriedene „Nur-Hausfrau" ist.

Gerade in der heutigen Zeit, wo Väter zunehmend in die Verantwortung genommen werden, ist es wichtig, auch diese in den aktiven Entscheidungsprozess zu holen. Da ja bei allen Familienmitgliedern auch Kindheitserfahrungen mitspielen, ist es wichtig, frühzeitig zu erkennen, welchen Weg die Gesamtfamilie gehen möchte.

Da gibt es viele Einflüsse, die anfangs nicht alle erkennbar sind. Im Mittelpunkt steht meist das Kind mit seinen natürlichen Bedürfnissen, doch der Einfluss von Großeltern, Freunden und Bekannten ist ebenfalls nicht zu unterschätzen, denn in unserer „modernen Bildungsgesellschaft" entsteht meist schon in der Schwangerschaft ein eigenartiger Leistungs- und Vergleichsdruck.

Einen weiteren Aspekt bildet die Finanzierung. Oft ist eine Erziehungsform in privaten Einrichtungen finanziell herausfordernd und oft auch mit einem persönlichen Arbeitseinsatz der Eltern verbunden.

Es entsteht der Eindruck, auf vieles verzichten zu müssen (Urlaub, neues Haus, neues Auto) und die Überlegung, dass es das doch in öffentlichen Einrichtungen gratis gibt. Da kommt es dann oft zu Überraschungen, dass „gratis" nicht unbedingt „kostenlos" bedeutet (Bastelbeitrag, Ausflüge, Materialkosten etc.).

Fördermittel und steuerliche Absetzbarkeit verzerren das Bild noch mehr. Oft gibt es für alleinerziehende Eltern so viel Fördermittel, dass es „fast gratis" ist. So kann ein kalkulierter höherer Fix-Beitrag mit einer speziellen und eventuell flexiblen, auf die Familiensituation besser abgestimmten Betreuung auf längere Sicht äußerst Nerven sparend sein.

Erst wenn erste Erkenntnisse zeigen, dass das Kind nicht wirklich für eine anonyme Großgruppenbetreuung geeignet ist, diese Erziehungsform schon bei den Eltern negative Spuren hinterlassen hat und beim Kind körperliche Abwehr erkennbar ist, werden Alternativen gesucht.

Es gibt eine große Vielfalt an Betreuungsformen, von denen manche mehr, andere weniger bekannt sind. Manche sind modern und manche althergebracht. Information und Kontakt mit den BetreuerInnen ist wichtig, um eine gute Entscheidung im Sinne des Kindes und der Familie treffen zu können.

Besichtigungen, Gespräche, Informationsmaterial und – ganz wichtig – Besuche bzw. Hospitationen sind notwendig, um zu sehen und zu spüren, ob und wie sie sich für das Kind eignen. Bei jungen Kindern ist eine Probephase zielführend, da erst innerhalb von ca. zwei bis drei Monaten klar erkennbar ist, ob das Kind diese Betreuungsform benötigt und ertragen kann. Ist es schon reif für eine größere Menschengruppe bzw. für eine Großgruppe von meist 20 bis 30 Kindern und einigen Erwachsenen oder braucht die Hauptbetreuungsperson, meist die Mutter, noch Zeit, um sich von ihrem Kind zu lösen, d.h. bindet sie das Kind noch zu stark an sich (wird das Kind evtl. noch gestillt)? Und: Möchte die Familie wirklich ein selbstständiges und selbstbestimmtes Kind?

Auf jeden Fall ist es wichtig, das Gespräch zu suchen und sich viel Zeit für die Entscheidung zu nehmen.

Eine individuelle und familiennahe Betreuung, die den Grundstein für die Zukunft legt, ist bereichernd und familienfördernd. Wenn der Staat einmal erkennt, dass Vielfalt das Beste ist und selbstständige und selbsttätige Staatsbürger der Gesellschaft nützen, dann wird sich vieles ändern.

Entscheidung für die Montessori-Pädagogik

*Außergewöhnliches wurde immer nur
von Menschen geleistet,
die zu glauben wagten,
dass irgendetwas in ihrem Inneren
den Umständen gewachsen sei.*

Bruce Barton

Sie sind zu der Entscheidung gekommen, dass Sie Ihr Kind auf Basis der Montessori-Pädagogik erziehen möchten und eine Einrichtung finden wollen, die zu Ihrem Kind und Ihrer Familie passt.

Hier stehen Ihnen einige Wege offen, um zu erfahren, wo Einrichtungen in Ihrem näheren Umfeld betrieben werden. Wenn Sie in die Suchmaschine den Begriff „Montessori" mit der entsprechenden Länderkennung (z.B. „at" für Österreich, „de" für Deutschland, „nl" für die Niederlande)[42] eingeben, finden Sie die vor Ort empfohlenen Einrichtungen, meist im Anschluss oder in der Nähe von Schulen. Näheres ist dann oft über die Gemeindeverwaltung erfahrbar.

Im Internet gibt es in diversen Eltern-Foren Hinweise, wo sich diese Einrichtungen befinden oder wo sie im Entstehungsprozess begriffen sind. Hier ist es wichtig, sich selbst ein Bild zu machen, da diese Berichte oft sehr gefühlsorientiert gehalten sind und somit keine objektiven Beurteilungen bereitstellen. Im Folgenden finden Sie dazu eine Checkliste.

Nicht unerheblich ist auch der Einfluss von Verwandten und Bekannten, die oft mit der Selbstständigkeit von Kindern nicht gut umgehen

---

[42]   Siehe im Internet unter www.montessori.at, www.montessori-netz.at, www.kinderbetreuung.at.

können. Leider wird Montessori-Pädagogik durch Falschinformation oft mit einer orientierungslosen Erziehung ohne Ordnung, Grenzen und gegenseitige Achtung verwechselt. Genau das Gegenteil ist der Fall, wenn eine Montessori-Einrichtung gut organisiert und strukturiert ist.

Wenn Sie Glück haben, treffen Sie vielleicht noch auf Menschen, die selbst in den 1930er Jahren in Österreich Montessori-Einrichtungen besucht haben. Spätere politische Entwicklungen haben leider in Österreich und Deutschland vieles zerstört. Erst in den 1970er Jahren begann der Wiederaufbau und die Wiederaufnahme der Ausbildung von Montessori-PädagogInnen.

Erwachsene allgemein – die Gesellschaft

Wir wurden zusammen mit allen Geschöpfen
auf diese Erde gesetzt.
All diese Geschöpfe,
auch die kleinsten Gräser und die größten Bäume,
sind mit uns eine Familie.
Wir sind alle Geschwister
und gleich an Wert auf dieser Erde.

Indianische Weisheit

In unserer heutigen Gesellschaft ist das Geld der bestimmende Faktor und nicht die menschlichen Bedürfnisse und achtsame Umgangsformen. Viele Krankheiten entstehen aus dieser Spaß- und Freizeit-Gesellschaft, die rund um die Uhr arbeitet und aktiv ist. Ruhe und Besinnung sind kaum mehr möglich. Oft sind die Folgen der Entscheidung, Kinder ins Leben zu begleiten, davon beeinflusst. Die großen Möglichkeiten, die das Leben mit Kindern und die daraus entstehende Verantwortung mit sich bringt, möchten viele Menschen nicht übernehmen und sie schieben diese auf Personen und Einrichtungen ab, die für sie leistbar sind bzw. kostenlos erscheinen. Dies ist ein Irrglaube, denn alles, was von öffentlichen Einrichtungen angeboten wird, muss die arbeitende Gesellschaft erwirtschaften und wird in Form von Steuern zu deren Finanzierung eingesetzt.

Daher ist der achtsame und respektvolle Umgang miteinander, mit unseren Kindern und unseren Ressourcen, die uns auf dieser Erde zur Verfügung stehen, nachhaltig und wichtig.

Unser Umgang mit der Umwelt und mit Menschen bildet das Lebensmodell, das unsere Kinder übernehmen. Wenn wir sie wertschätzen und achtsam mit ihnen umgehen, werden sie diese Haltung weiterleben. Wenn wir jedoch nicht auf unsere Kinder achten und ihnen ein Leben zumuten, das sie nicht bewältigen können, zerstören wir ihr Leben bereits in den Anfängen. Umweltschutz und Schutz der menschlichen Würde sind die Grundlagen für das Leben auf der Erde. Wir haben die Pflicht als Eltern, die Verantwortung für unsere Kinder zu übernehmen. Niemand, keine Betreuungseinrichtung kann das übernehmen, sie können es nur ergänzen.

Eine Zusammenarbeit im Sinne des Kindes und der Schutz der Umwelt, gleich wo und wie, liegt in der Verantwortung der Erwachsenen. Wir haben die Pflicht, unseren Kindern den bestmöglichen Start ins Leben zu ermöglichen. Dazu gehört auch der verantwortungsbewusste Umgang mit den Schätzen dieser Erde.

TEIL 4: Erziehung vs. Bildung

Was ist Bildung?

- **Bildung ist nicht Wissen**[43]
  Keine Enzyklopädie und keine Internetplattform der Welt kann
  für sich beanspruchen, gebildet zu sein – trotz allen Wissens,
  das in diesen Medien gespeichert ist. Wissen ist Voraussetzung
  für Bildung, es macht Bildung erst möglich. Wissen bleibt
  allerdings leblos, sofern es nicht einem ordnenden Prinzip
  unterstellt wird.

- **Bildung ist nicht Allgemeinwissen**
  Lange Zeit wurde vermittelt, es wäre der einzige Zweck
  der Bildung, sich Wissen anzueignen. Diese sogenannte
  Allgemeinbildung erhob zumindest theoretisch den Anspruch,
  sich alles zur Verfügung stehende Wissen aneignen zu
  können. Bliebe man ausschließlich bei der Vermittlung dieses
  Wissens, hätte Bildung jeden Anspruch auf permanente
  Weiterentwicklung, individuelle Prozesshaftigkeit und
  Modernität verloren.

- **Bildung ist nicht Ausbildung**
  Ausbildung hat zum Ziel, Fähigkeiten und Fertigkeiten für
  eine berufliche Qualifikation zu vermitteln. Sie dient damit der
  wirtschaftlichen und gesellschaftlichen Entwicklung sowie der
  Autonomie Einzelner.
  **Bildung ist mehr. Bildung fragt nicht nach Leistungsfähigkeit,
  sondern nach dem Sinn.**

---

[43] Bildungsplan der Stadt Wien.

- **Bildung ist Kultur**
  Welchen Stellenwert Bildung in einem Gesellschaftssystem hat,
  ist sehr unterschiedlich. So kann Bildung z.b. nur bestimmten
  Schichten zugänglich oder nur einem bestimmten Geschlecht
  oder nur dem Klerus vorbehalten sein. Bildung ist jedoch
  emanzipatorisch allen zugänglich zu machen.

- **Bildung berührt**
  Wir alle kennen die Glücksgefühle, wenn uns die Lösung eines
  Problems gelingt, wenn ein Gedanke befruchtet, wenn eine
  Erkenntnis uns inspiriert. Neurologische Untersuchungen
  lassen die Vermutung zu, dass Emotionen die Triebfeder zu
  Denkleistungen sind.

- **Bildung bewegt**
  Die innere Bewegung, die Bildung auslöst, hat auch eine
  äußere Bewegung zur Folge. Mobilität im Denken bewirkt
  Veränderungen und Entwicklungen. Bildung wird zum
  Motor für Verbesserungen und trägt in sich, dass weitere
  Bildungssehnsüchte entstehen.

- **Bildung ist sozial**
  Bildung meint Wissen mit Gewissen. Dieses Gefühl für
  Verantwortung wird im Kontext mit der Umwelt ausgebildet.
  Bildung ist nur in und durch Gesellschaft möglich. Jedoch kann
  der individuelle Bildungsprozess nur stattfinden, wenn der
  Mensch seine Sozialisation im Hier und Jetzt wahrnimmt, sich
  aus dieser herausnehmen und sie reflektieren kann, um seinen
  eigenen Weg zu gehen.

- **Bildung meint die emanzipatorische Leistung eines Menschen**
  Er soll befähigt werden, Wissen in seinem Zusammenhang
  mit dem Ganzen zu erfassen und dies in sein Sein und Werden
  integrieren. Bildung ist somit Wissen, selbstständiges Erkennen,

Denken, Verstehen und Handeln. Bildung ist der Prozess der Ausformung der Gesamtpersönlichkeit eines Menschen.

- **Der Bildungsplan**
  Dieser hat die Aufgabe, Mädchen und Buben mit dem in Berührung zu bringen, was diesem Prozess dienlich ist.
  Der junge Mensch bekommt die Impulse, Anregungen und Begegnungen, die es ihm ermöglichen, Menschlichkeit zu entfalten, Emanzipation im Denken zu entwickeln und Autonomie zu leben, in seinem Sein und in seinem Werden.

Das Recht auf Bildung

Bei Wertschätzung
gibt es am meisten zu gewinnen
und am meisten zu verlieren.

Stefan F. Gross

Der besondere Stellenwert aller Kinder und Jugendlicher muss in der Gesellschaft klar definiert und umgesetzt werden. Die Normen der Gesellschaft, d.h. nicht nur die Gesetze, sondern das Verhalten jedes Erwachsenen, müssen den Schutz und die Gewährleistung der Rechte der Kinder bewusst vertreten und umsetzen. Wesentliche Grundrechte und deren Umsetzung auf den Gebieten der Gesundheit, der Bildung, der Freizeit, der Bekämpfung von Kinderarmut und der Schutz vor Altersdiskriminierung müssen in der Verfassung garantiert und kinderadäquat durchgesetzt und umgesetzt werden.

In der Generalversammlung der UNO am 20.11.1989 in New York wurde ein Übereinkommen über die Rechte des Kindes angenommen (UN-Kinderrechtskonvention, *Convention on the Rights of the Child*, CRC), es trat am 2.9.1990 in Kraft. Bereits Ende September 1990 verpflichteten sich Regierungsvertreter aus der ganzen Welt zur Anerkennung der Konvention. Sie beinhaltet folgende Grundsätze:

– Das Recht auf Gleichbehandlung und Schutz vor
   Diskriminierung, unabhängig von Religion, Herkunft
   und Geschlecht.
– Das Recht auf einen Namen und eine Staatszugehörigkeit.
– Das Recht auf Gesundheit.
– Das Recht auf Bildung und Ausbildung.
– Das Recht auf Freizeit, Spiel und Erholung.

- Das Recht, sich zu informieren, sich mitzuteilen, gehört zu werden und sich zu versammeln.
- Das Recht auf eine Privatsphäre und eine gewaltfreie Erziehung im Sinne der Gleichberechtigung und des Friedens.
- Das Recht auf sofortige Hilfe bei Katastrophen und Notlagen und auf Schutz vor Grausamkeit, Vernachlässigung, Ausnutzung und Verfolgung.
- Das Recht auf eine Familie, elterliche Fürsorge und ein sicheres Zuhause.
- Das Recht auf Betreuung bei Behinderung.

Wie auch das Recht auf den Zugang zu sauberem Wasser, Nahrung, medizinische Versorgung, Ausbildung und Mitsprache bei Entscheidungen, die ihr Wohlergehen betreffen. Die Garantie der Umsetzung dieser Rechte von Kindern soll gewährleisten, dass diese in einer sicheren Umgebung ohne Diskriminierung leben können.

Kompetenzentwicklung

*Die Neugier steht immer
an erster Stelle eines Problems,
das gelöst werden will.*

Galileo Galilei

Kompetenzen umfassen Zuständigkeiten gegenüber sich selbst, anderen und anderem. Kompetenzentwicklung ist nie abgeschlossen, sie ist ein dynamischer Prozess, der immer tieferes und besseres Wissen, Können und Handeln bewirkt. Die Entfaltung von Kompetenzen schließt auch die sukzessive Übernahme von Verantwortung sich selbst, anderen und anderem gegenüber ein.

Kompetenzförderung umfasst auch die Stärkung der individuellen Widerstandskraft des Kindes wie seine Resilienz, die ihm die Bewältigung widriger Gegebenheiten im Leben ermöglicht. Kompetenzförderung ist ressourcenorientiert, d.h. jedes Kind wird in seinen Fähigkeiten wahrgenommen. PädagogInnen bieten dort Hilfe an, wo das Kind diese unmittelbar braucht. Sie stärken die Stärken und schwächen die Schwächen von Mädchen und Buben!

Kompetenzförderung[44] umfasst neben der Entwicklung von Fähigkeiten und Fertigkeiten auch das Bekenntnis zur Leistung. Jeder Lernprozess ist nur durch Leistungsbereitschaft möglich. Diese Leistungen werden ausschließlich freiwillig durch das Kind erbracht, sie erfolgen nie unter Druck und werden durch Motivierung über gut gewählte materiale und verbale Impulse besonders begünstigt.

Die folgende Gliederung der kindlichen Persönlichkeit in Kompetenzbereiche ist ein Gedankengebäude, ein Denkmodell, denn keine

---

[44] Bildungsplan der Stadt Wien.

Systematik kann alles erfassen, was Kindsein und die Entwicklungspotenziale eines Kindes umfasst. Die dargebotene Anordnung bietet
dem Erwachsenen ein Modell zur Orientierung, eine Grundlage zum
Austausch, eine gemeinsame Sprache.

Kompetenzbereiche des Kindes:

- **Kognitive Kompetenz (das Denken)**
  Denken im Sinne von Informationsaufnahme und
  Informationsspeicherung dient der Aneignung von Weltwissen.

- **Umweltkompetenz** (im Sinne von kognitiver Kompetenz)
  Umweltkompetenz umfasst Inhalte der Wissenschaften aus
  allen Bereichen: Ökologie, Technologie, Physik, Chemie,
  Geografie, Ethnologie, Geschichte, Medizin u.v.m.

- **Orientierungs- und Strukturierungskompetenz**
  Die Fähigkeit, Ordnungssysteme für die Einordnung von
  Information und Wissen aufzubauen.
  - Klassifikation (Zuordnung nach Gleichem) und
  - Seriation (Ordnen nach Unterschieden) bilden Grundlagen
    für den Zahlenbegriff.
  - Erfassen von Größenverhältnissen, Formen und Raumlage
    (vorne, hinten, oben etc.).
  - Grundlage für das Entwickeln des Symbolverständnisses
    (Erlernen der Kulturtechniken Lesen, Schreiben und Rechnen)
  - Strukturierungsfähigkeit ermöglicht das Erfassen von
    Zeitstrukturen (gestern, heute, in fünf Minuten etc.).

- **Kreative Kompetenz**
  Das Hervorbringen von Neuem.

- **Schöpferische Kompetenz**

Die Fähigkeit, eigene Ideen zu entwickeln, einzubringen und zu erproben, z.B. beim Lösen von Problemen, beim Reagieren auf Herausforderungen.

- **Ausdrucks – und Gestaltungskompetenz**
  Die Fähigkeit zum individuellen persönlichen Ausdruck
  - im körperlichen Ausdruck (Tanz, Musizieren) oder
  - durch künstlerischen Ausdruck bei Farb- und Formgebung.

- **Sprachlich-kommunikative Kompetenz**
  - Sprachverständnis
  - Spracherwerb
  - Körpersprache (Gestik, Mimik)
  - Nonverbalität
  - Verbale Nonverbalität (a, ah, äh, iiiiih !, ooo ...)
  - und alle anderen Formen der Kontaktaufnahme

In der ganzheitlichen Bildungsarbeit ist Kommunikation auf vielen Ebenen möglich. Selbst eingeschränkte körperliche Voraussetzungen stellen kein Hindernis dar. Emotionale Geborgenheit, Einfühlungsvermögen, Motivation und die Anerkennung sozialer Regeln geben dem Kind Sicherheit und helfen ihm, seine individuelle Persönlichkeit aufzubauen.

Daher sind Lernprozesse in allen Kompetenzbereichen möglich und sie dienen der kindlichen Entwicklung und der Entfaltung von Fähigkeiten. So entwickelt sich beim Kind eine individuelle **Lernkompetenz**.

Verbale Sprache und nonverbale Signale

Wir benützen unsere verbale Sprache bei unserer täglichen Kommunikation nur zu einem geringen Teil. Wir teilen uns hauptsächlich über nonverbale Signale mit: Augenkontakt, Gestik, Mimik, Distanz, Nähe, Körpergeruch, Kleidung, Schmuck etc.

Ab der Geburt verständigen sich Mutter und Kind über Hautkontakt und Blicke. Kommunikation wird über Blicke intensiviert, mit der Entwicklung des Sehsinns kann aber auch Distanz zugelassen werden. Da Menschenkinder bis zum Alter von 3 Jahren „Traglinge" sind, ist das Tragen, Hochheben und Gehaltenwerden für sie sehr wichtig. Über die Körperspannung kann dabei Wichtiges vermittelt werden. Daher ist es für Kinder sehr anstrengend und oft kaum möglich, Erwachsenen bei Hektik und unklaren Signalen zu folgen. Sie verstehen auch nicht, warum irgendetwas wichtiger ist als die Zuwendung der Erwachsenen für das Kind. Wenn Zeitabläufe Kindern bekannt sind und durch wiederkehrende Rituale eine Ordnung entsteht, kann sich das Kind orientieren.

Schreie – Hilferufe

Wenn Sicherheit und Orientierung fehlen, machen Kinder sich oft lautstark bemerkbar. Ihr Weinen und Schreien sagt vielleicht: „Ich weiß nicht mehr weiter", „Mir tut etwas weh", „Ich habe Hunger", „Ich verstehe deine Handlungen nicht". Manchmal, da Buben eine sehr sprunghafte Gehörentwicklung haben, kann auch eine Überforderung durch nicht Gehörtes die Ursache sein.

Dieser Verlust der Sicherheit und des Haltes wird in einer sicheren Bindung schnell wieder in Ordnung kommen. Dort, wo diese Bindung nicht besteht, leiden Kinder aufgrund des Unverständnisses der Erwachsenen bzw. tragen sie erheblichen Schaden davon.

Fäkalsprache

Die Benutzung solcher Wörter umfasst eine besondere Zeit in der Sprachentwicklung und hat verschiedene Funktionen und Hintergründe. In der beginnenden Pubertät (Trotzphase) ist sie meist ein Grenztest, um Erwachsenen zu signalisieren: „Ich spiegle dich" (vielleicht beim Autofahren aufgeschnappte Ausdrücke), „Sag mir, ob das richtig ist". Manchmal ist es nur eine verkürzte Frage oder ein Gedanke: „Was bedeutet das?", „Was bewirkt es?", „Ich weiß, was das heißt". Die Botschaft ist: „Zeig mir, wie die Regeln sind" – Grenzen!

Kreativer Ausdruck – Lebensausdruck – Bewegungsformen

Aber leider folgen nur sehr wenige dem Weg,
der für sie vorgesehen ist und der der Weg
zu ihrer inneren Bestimmung ist und zum Glück.

„Der Alchimist", Paulo Coelho

Kreativer Ausdruck ist ein individuelles Bedürfnis. Um Kindern die bestmögliche Entwicklung zu ermöglichen, ist ein vielfältiges Angebot notwendig, das Freiwilligkeit und spielerischen Zugang ermöglicht. Ohne Druck und mit der größtmöglichen Achtsamkeit kann Kindern der Zugang zu kreativen künstlerischen Ausdrucksformen ermöglicht werden. Damit wird die Lebens- und Körperhaltung stark beeinflusst und gestärkt.

Freiheit in der Entwicklung können nur solche Menschen anderen weitergeben, die selbst Freiheit kennen und leben.

Der Zugang zu Malerei, Tanz, Musik und vielen anderen kreativen Ausdrucksformen ist immer die Möglichkeit zum persönlichen Ausdruck. Eine Bewertung ist daher immer fehl am Platz. Individualität und deren Ausdruck kann nur gefühlt, aber nicht als messbare Leistung oder in Geldwert ausgedrückt werden.

Wenn Kunstwerke bei Auktionen versteigert werden und die Lebensbewältigung des Künstlers so zu spekulativen Zwecken missbraucht wird, hat dies nichts mit Kreativität zu tun. Wenn Kinder gerne zeichnen und stolz ihre Arbeit präsentieren, ist eine Bewertung immer zu verhindern, ein Interesse an der Arbeit und deren Umsetzung sowie eine Anerkennung der Arbeit sind jedoch wichtig für den menschlichen Austausch. Es darf nie Lob eingesetzt werden, das abhängig macht und den individuellen Ausdruck zum Produkt werden lässt.

Kreative Bewegungsformen drücken meist Lebenslust oder Lebensleid aus. Menschen bewältigen in Form von getanzten Geschichten ihr Leben, manchmal sogar ihre Behinderungen. Sie fühlen sich dann als wertvolle Mitglieder der Gesellschaft. Eine Bewertung würde dieses Leben schwer beeinträchtigen.

Eine solche Freude bei neuem Lebensmut führt zu einer selbstbewussten Persönlichkeit, die unbedingt zu achten ist.

Lernen – Arbeit – Spiel

Wir tun so viel, um so wenig zu denken.

Rolf Hochhuth

Viele Erwachsene definieren sich nur über ihre Arbeit. Erst dann fühlen sie, dass sie etwas wert sind. Wenn wir in der Montessori-Pädagogik von der Arbeit der Kinder sprechen, ist immer die Entwicklungsarbeit gemeint.

Kinder leisten in ihren ersten Jahren Enormes. Ihre Tätigkeiten werden von Erwachsenen leider nicht so wertgeschätzt, wie es für das gemeinsame Leben besonders wichtig wäre. So wird die Arbeit der Kinder als Spiel herabgewürdigt. Erwachsene spielen natürlich auch, aber sie geben diesem Spiel einen anderen Wert. Erst wenn den Erwachsenen klar ist, dass Arbeit Spaß machen und als spielend leicht erlebt werden kann, wird die Arbeit des Kindes in anderem Licht erscheinen.

Die Bewältigung des Lebens, egal in welchem Lebensabschnitt, bedeutet Lernen, Arbeiten und Spielen zugleich. Ob wir nun spielerisch lernen oder hart arbeiten, der Nucleus accumbens, das Lern- und Belohnungszentrum in unserem Gehirn, reagiert immer gleich, wenn uns etwas gelingt. Wenn wir etwas lernen, werden wir belohnt und sind zufrieden.
Das ist auch der Grund, warum wir immer Neues brauchen: damit wir dieses Erfolgsgefühl erleben können. Neue Erfahrungen und Lösungen fördern unsere Entwicklung. Daher ist die Entwicklung des Kindes in den ersten Jahren ohne jegliche Einflussmöglichkeit von Erwachsenen ein geniales Konzept, das es Kindern ermöglicht, unaufhörlich an ihrer körperlichen und geistigen Entwicklung ausdauernd zu arbeiten und die Belohnung und Anerkennung in sich

zu finden. So kommt es zu keiner Abhängigkeit von Lob für die natürliche Entwicklung.

Scheinbar ist dies für viele Erwachsene schwer zu ertragen. Daher wird dann doch versucht, Sauberwerden und Ähnliches mit Disziplin einzuüben. Da es aber, wie oben schon erwähnt, um den Gehirnreifezustand geht, ist der Eingriff des Erwachsenen ein Übergriff und damit eine Verletzung der Seele des Kindes.

Kinder sollten immer geschützt werden, besonders dort, wo es um den Intimbereich geht. Der Ehrgeiz von manchen Erwachsenen hat dann häufig eine dramatische Wesensveränderung des Kindes zur Folge. Es spielt dann nicht mehr, weil es nur mehr mit dem Sauberwerden beschäftigt ist. Es entwickelt Angst, die Ansprüche der Erwachsenen nicht erfüllen zu können und verleugnet sich selbst. Es besteht die Gefahr von Verhaltensauffälligkeiten, dass es sich in der Volksschulzeit einnässt oder als ADHS-krank eingestuft wird, da der psychische Druck immer ein Ventil sucht.

Ein derartiger Dressurakt ist unnötig und kostet zu viel Lebensenergie. Kindern zu vertrauen und zuzulassen: „Wie du bist, bist du okay", ist das Beste für ihre Zukunft. Daher ist es wichtig, für die Bildung des Kindes den Weg zu finden, der sein Potenzial fördert und mit den Möglichkeiten der Familie umsetzbar ist.

Wo begegnet uns Erziehung und wo Bildung?

Genau genommen überall. Egal, was wir tun, wir lernen und entwickeln uns weiter.

Die Entwicklung der Kinder ist geprägt durch starke Veränderungen des Körpers und bewusste und unbewusste Aneignung von Fähigkeiten durch Lernen.

Bildung ist ein dynamischer und ganzheitlicher, lebenslanger und lebensbegleitender Entwicklungsprozess des Menschen. Es werden dabei geistige, kulturelle und lebenspraktische Fähigkeiten und eine personale und soziale Kompetenz entwickelt.

Menschliche Entwicklung ist abhängig von individuellen Anlagen sowie zeitlichen, räumlichen und sozialen Bedingungen und daher sehr unterschiedlich.

Bildungseinrichtungen

Unsere Bildungseinrichtungen sind weiblich dominiert und ihr Ansehen – da von männlicher Sicht gesteuert – schlecht. Die Sicht auf soziale Arbeit als eine „kostenlose" Leistung hat ihren Ursprung in der ihr zugeschriebenen Wertigkeit in der Familie. Daher kommen auch immer wieder die politischen Argumente, Frauen würde es besser gehen, wenn sie für ihre Kinder zuhause sorgen würden.

Bedingt wäre es für Frauen aufgrund der körperlichen Wandlungsphasen rund um die Geburt eines Kindes wichtig, ihre Bedürfnisse wahrzunehmen. Sicher aber nicht, um sie zu diskriminieren. Das, was Frauen leisten, sollte nicht an den männlichen Bedürfnissen nach fehlender mütterlicher Zuwendung in der Kindheit gemessen werden. Fähigkeiten, die für die Gesellschaft und den Umgang mit der Umwelt wichtig sind, sollten allgemein wertgeschätzt werden.

Erziehung könnte sich in *Beziehung* wandeln und so zum Nährboden für eine wirklich gute humane Entwicklung und Bildung werden.

Die Ausbildung von Menschen in Bildungseinrichtungen muss an neuen Zielen humaner Bedürfnisse der Menschen und als Berufsausbildung folglich auch an der Gesellschaft und Wirtschaft orientiert sein.

Es muss eine Vermittlung von Werten geben, die ethisch an der Gesellschaft orientiert ist. Religiöse Erziehung sollte in der Familie bleiben und von dieser organisiert werden. Eine Trennung des Staates, der human orientiert ist, und einer religiösen Erziehung, die dies mit ähnlichen und gleichen Wertvorstellungen ergänzt, wäre angeraten.

So könnten Bildungsangebote sehr breit gefächert sein und ihre Etablierung mit einem System von eigenverantwortlichen, betriebswirtschaftlich geführten Einrichtungen, deren Finanzierung über einen Bildungsscheck große Vielfalt garantiert, optimal erreicht werden.

Kriterien für eine frühe Betreuung außerhalb der Familie

- Innenräume wohnlich gestalten und auf die Körpergröße der Kinder ausrichten
- Kleinkindgerechte Garten- oder Terrassenanlagen
- Überschaubarkeit der Einrichtung
- Geregelter und ritualisierter Alltag (Ordnung gibt Sicherheit)
- Sozial und emotional stützende Atmosphäre für Kinder
- Pädagoginnen und Pädagogen, die gut vorbereitet, respektvoll und achtsam sind
- Sprachanregender Alltag
- Förderung der Bewegung:
  - Fein- und Grobmotorik,
  - Förderung der Hand- und Auge-Hand-Koordination,
  - Angebote zur Verfeinerung des Gleichgewichtes
  - Bewegungsabläufe: Krabbeln, Kriechen, Klettern, Gehen, Laufen,

- alters- und entwicklungsentsprechende Materialien, Spielsachen, Bücher.
- Kindgerechte Darbietung von Materialien und Übungen
- Freier Zugang zu:
  - Materialien, Spielsachen, Büchern,
  - Speisen und Getränken,
  - Badezimmer, WC,
  - Bewegungsbereich und Ruhebereich.
- Viele Möglichkeiten für das Kind, selbstständig aktiv zu sein:
  - ohne viele Verbote,
  - ohne Belohnung und Bestrafung,
  - freie Wahlmöglichkeit für ein Kind, sich auszuruhen oder aktiv zu sein,
  - keine zielgerichtete „Sauberkeitserziehung".
- Kleine Gruppen und ein entsprechender Personalschlüssel
- Eine elternbegleitende und Bezugspersonen-orientierte Eingewöhnung über einen individuellen, durch das Kind bestimmten Zeitraum! Außer diese Person beeinflusst das Kind durch eigene Probleme.
- Aufbau einer vertrauensvollen und konstanten Beziehung zwischen dem Kind und den PädagogInnen als Bezugspersonen.
- Zugewandte, einfühlsame Begleitung der kindlichen Entwicklung
- Gut abgestimmtes und reflektiertes Team von Pädagoginnen und Pädagogen
- Fortbildung der Pädagoginnen und Pädagogen zur Qualitätssicherung
- Enge und regelmäßige Zusammenarbeit der Einrichtung mit Eltern, Behörden und anderen Institutionen
- Kinder – und hier ganz besonders junge Kinder – müssen sich sicher und wohl fühlen. Erst dann nehmen sie ihre individuelle Entwicklungsarbeit auf und sind lernbereit. Die emotionale Entwicklung geht grundsätzlich dem Lernprozess voran.

Teil 5: Pädagogische Konzepte

In diesem Kapitel möchte ich gerne einige allgemeine Informationen über reformpädagogische Angebote geben und dabei besonders Ansätze vorstellen, die mit dem Montessori-Ansatz in methodischer oder historischer Verbindung stehen.

Reformpädagogische Ausrichtungen

„Pädagogik vom Kinde aus"	Landerziehungs-heime	Arbeitsschulbewegung	
Ellen Key	Cecil Reddle	Georg Kerschensteiner	Ovide Decroly
Ludwig Gurlitt	Hermann Lietz	Hugo Gaudig	Adolphe Ferrère
Berthold Otto	Paul Geheeb	Paul Oestreich	Célestin Freinet
Maria Montessori	Gustav Wyneken	John Dewey	
Alexander Neill	Kurt Hahn	J. H. Kilpatrick	
		Hellen Parkhurst	

Waldorfschulen	Einheitsschule	Volksbildungsbewegung
Kunsterziehungs-bewegung	Peter Petersen („Jena-Plan")	Volksbildungsbewegung (Volkshochschulen)

Einblicke und Überblick

Maria Montessori sagte in ihrem Vortrag im Jahr 1946 in Madras, Indien, rückblickend auf ihr Werk:

„Wenn die Erziehung neu gestaltet werden soll, muss sie auf den Kindern aufbauen. Es reicht nicht mehr, sich um die Erforschung großer Erzieher der Vergangenheit zu bemühen … Ich habe mich lediglich genau mit dem Kind befasst und habe das, was es mir gegeben hat, angenommen und offen dargestellt. Das ist die sogenannte Montessori-Methode. Bestenfalls bin ich die Interpretin des Kindes gewesen. Meine Erfahrung erstreckt sich über vierzig Jahre, und sie begann in der medizinischen und psychologischen Untersuchung schwachsinniger Kinder, denen ich zu helfen suchte. Diese stellten sich als so lernfähig heraus, wenn man sie von dem neuen Ansatz der Zusammenarbeit mit ihrem eigenen Unterbewusstsein her behandelte, dass der Entschluss gefasst wurde, den Versuch auf normale Kinder auszudehnen. So wurden Kinderhäuser in einigen der ärmsten Gegenden Roms für Kinder von drei Jahren aufwärts gegründet."[45]

Pädagogisches Konzept

Ein pädagogisches Konzept ist eine verbindliche schriftliche Darstellung, die von der Behörde genehmigt ist. Es ist für die PädagogInnen der jeweiligen Einrichtung verbindlich und gibt den Familien Orientierung.

In diesem Konzept sind der Bildungsauftrag und die Umsetzung der pädagogischen Arbeit festgelegt. Pädagogische Schwerpunkte werden darin formuliert und Ziele definiert (Zusammenarbeit mit Eltern/Erwachsenen, Qualitätssicherung, Öffentlichkeitsarbeit und vieles mehr). Wie bereits erwähnt, gibt es viele pädagogische Richtungen und die Wahl der Betreuungsform sollte eine optimale Ergänzung der familiären Bedürfnisse, insbesondere der des Kindes, sein.

---

[45] Maria Montessori: Erziehung für eine neue Welt, S. 56.

Christine Holubek · Montessori-Pädagogik

Fröbel-Pädagogik

Friedrich Fröbel (1782-1852) gründete 1840 in Blankenburg (Thüringen) einen Spielkreis für Kinder mit dem Namen „Allgemeiner deutscher Kindergarten" und verwendete damit als Erster den Begriff „Kindergarten".

Grundlage der Fröbel-Kindergärten bildet das Spiel als typisch kindliche Lebensform, der kindgerechte Unterricht sowie das „Freie Spielen" mit Spiel- und Lernmaterialien. Auf diese Weise werden das Fühlen, die Motorik, die Phantasie und die Kreativität der Kinder gefördert. Das Kind soll durch Spielen und Singen gefördert werden und es soll ihm so die Welt der Erwachsenen nahegebracht werden. Fröbel-Kindergärten sind heute weltweit verbreitet.

Hochbegabtenförderung

Kinder, die sich dem Tempo und dem Interesse von Kindergruppen oder Schulklassen nicht unterordnen, werden oft als auffällig stigmatisiert. Da unser Schulsystem sehr unflexibel ist, sind die oft einseitigen Interessen und die speziellen Begabungen dieser Kinder für Pädagogen ein Problem. Meist werden nur Notlösungen für alle Beteiligten gefunden. Die Familien sind oft gezwungen, alternative Unterrichtsformen bzw. (in Österreich) Hausunterricht für die Bildung ihres Kindes zu wählen.

Unabhängig davon, ob frühzeitig erkannt wird, was diese Kinder brauchen, hängt es von den Eltern ab, was das Kind für seine Bedürfnisse bekommt. Die Zuweisung an Bildungseinrichtungen hat meist eine Art Vorführung dieser Kinder als Show-Objekt zur Folge.

Die Familien möchten oft nur, dass ihr Kind normal aufwachsen kann und es eine ihm entsprechende Bildung erhält. Da aber immer verglichen wird und unser Bildungssystem sich an den Fehlern der Schüler orientiert, haben Menschen mit besonderen Fähigkeiten und Wissen einen schweren Stand in unserer Gesellschaft.

Integrative Pädagogik/Integration

Integration ist nicht nur die Eingliederung von körperlich und/oder geistig behinderten Kindern. Eine andere Sprache, andere kulturelle Voraussetzungen, also alles, was nicht dem gesellschaftlichen Standard entspricht, bedarf einer Integration in eine bestehende Lebensform. Ein besonders ausgebildetes Personal betreut Kinder mit vielfältigen Bedürfnissen, weckt gegenseitiges Verständnis füreinander und fördert Lösungen für ein tolerantes, von Hilfsbereitschaft und gegenseitiger Achtung geprägtes Miteinander. Soziales Lernen kann so gelebt werden. Wenn die Begleitung durch die PädagogInnen gut organisiert ist, lernen Kinder, mit Andersartigkeit besser umzugehen. Auch kann Vorurteilen bei Erwachsenen entgegengewirkt werden, Leistungsdruck und Konkurrenzdenken wird so weit wie möglich verhindert und die Gemeinschaft und das gegenseitige Verständnis gefördert. Jedes Kind wird in seiner Individualität und seinen Bedürfnissen wahrgenommen.

Interkulturelle Betreuung

Dies ist eine Form der Betreuung mit Schwerpunkt auf der Zusammenarbeit der vielen Nationalitäten im geeinten Europa. Als Rahmenbedingung ist sie meist mit anderen pädagogischen Ausrichtungen verknüpft.

Offene Arbeit

Ende der 1970er Jahre wurde das Konzept der „offenen Arbeit" umgesetzt. Die üblichen Stammgruppenstrukturen wurden aufgelöst und „die Türen geöffnet". Kindern soll die Möglichkeit zu frei gewähltem Spiel in Gruppen und/oder mit frei gewählten Spielpartnern gegeben werden. Eine Steigerung der Spielfreude, der Begeisterung der Kinder und eine Erhöhung der Konzentration und Aufmerksamkeit konnte dabei beobachtet werden. Kinder zeigten seltener aggressives Verhalten und Langeweile. Geplante und vorbereitete Themenräume, z.B. Bau- und Bewegungsraum, Atelier, Rollenspielräume und Musikraum steigerten die Wahrnehmung und die Umsetzung der kindlichen Interessen und Bedürfnisse. Alle Beteiligten sind aktive Gestalter und Akteure der eigenen Umwelt.

Der Erwachsene vertraut auf die Entwicklungspotenziale des Kindes und lässt ihm in selbst initiierten, selbst gesteuerten und selbst geregelten Situationen optimale Lernvoraussetzungen und persönliche Entwicklungschancen. Der Erwachsene ist der Begleiter des Kindes. Er ist Lernpartner, aktiver Zuhörer, Unterstützer und Berater. Das Kind ist von sich aus aktiv und interessiert. Stimulierung und Motivation durch Erwachsene sind überflüssig.

Reggio-Pädagogik

Diese reformpädagogische Richtung entstand nach dem Zweiten Weltkrieg in der norditalienischen Stadt Reggio Emilia.

Hier wird Erziehung als Gemeinschaftsaufgabe aller für die Erziehung der Kinder wichtigen Personen gesehen. Sie werden in Gespräche, Planung und Umsetzung von Projekten einbezogen. Im Mittelpunkt des Konzeptes steht das Kind als forschendes Wesen, das mit Wissbegierde experimentiert, entdeckt und gestaltet. Seine Empfindungen bringt es in „hundert Sprachen" zum Ausdruck (z.B. mit Worten, Bildern oder im darstellendem Spiel).

Eine zentrale Rolle hat in diesem Konzept die Kunsterziehung. Es wird viel gemalt und handwerklich gestaltet. Spielzeug gibt es vor allem in Form von Materialien und Werkzeugen (Papier, Farben, Holz, Lehm, Schrauben, Pinsel, Scheren etc.). Die Gestaltung des Raumes wird als „dritter Erzieher" gesehen, sie hat besondere Auswirkungen auf die Persönlichkeitsentwicklung der Kinder. Sie soll Rückzugmöglichkeiten bieten und zur Aktivität anregen. Die Dokumentation erfolgt durch Bilder, Fotos und Texte an den Wänden. Sie dienen den Eltern als Information über die Aktivitäten und die Entwicklung der Kinder. Der Austausch der Kinder untereinander soll so geschaffen und gestärkt werden. Ergebnisse der Projektarbeiten werden besprochen.

Die Reggio-Pädagogik legt Wert auf eine Kooperation zwischen ErzieherInnen und Kindern. ErzieherInnen sind Begleiter und

DialogpartnerInnen, die die Kinder beobachten, Impulse setzen und unterstützen.

Schwerpunkt Bewegung

Kinder bekommen in einer anregungsreichen, vorbereiteten Umgebung gezielt regelmäßige Bewegungsangebote. Sie machen Erfahrungen mit dem Körper und ihren Sinnen. Der Tagesablauf ist von Bewegung in einem ausgewogenen Verhältnis und von angeleiteten Bewegungsangeboten geprägt. Spontanes selbsttätiges Entdecken und Erfahren der Umwelt durch eigene Bewegungsaktivität ermöglichen den Kindern, Grundbewegungsformen zu erproben und sie zu optimieren („Bewegungsbaustellen", „Bewegungslandschaften").

Ein Tag mit diesen Angeboten in einem Kindergarten besteht jedoch nicht ausschließlich aus Bewegung und Sport. Bewegungsaktivitäten werden mit spielerischem Handeln, kreativen Angeboten und anderen Aktivitäten, die für die Entwicklung wichtig sind, verbunden.

Schwerpunkt Sprache

Kindertagesstätten sind ein Ort der Kommunikation. Der Tagesablauf ist geprägt von zahlreichen Gesprächen und verbaler Auseinandersetzung mit der Umwelt.

Die pädagogische Arbeit setzt Beobachtung, Unterstützung, Förderung und Dokumentation der kindlichen Sprechaktivitäten voraus. Über Auffälligkeiten werden die Eltern informiert und professionell bei deren Bewältigung unterstützt. Sprachförderung ist Teil des Tagesgeschehens. Die PädagogInnen nutzen die Vielfalt der sich täglich ergebenden Sprachanlässe und unterstützen die Kinder individuell.

Situationsorientierter Ansatz (Armin Krenz, *1952)

Dieses Konzept geht von einer ganzheitlichen Pädagogik aus. Den Kindern wird besondere Wertschätzung entgegengebracht, aktuelle Situationen werden berücksichtigt und aufgegriffen Jeder Tag wird als bedeutend für die Entwicklung des Kindes und die PädagogInnen werden als Lehrende und Lernende angesehen.

Die pädagogische Arbeit konzentriert sich gleichwertig auf die Bedürfnisse der Kinder in ihren Lebenssituationen und auf die PädagogInnen. Diese reflektieren sich und ihr Handeln immer wieder. Kindern wird die Möglichkeit zu selbstständigen Erfahrungen gegeben.

Ganzheitliches Erleben ermöglicht Kindern, das gegenwärtige Leben zu verstehen und tägliche Situationen zu meistern. Krenz unterscheidet drei Ebenen der kindlichen Erfahrung:

- **Emotionale Ebene:** (Nach-)Erleben von Lebensereignissen, die Kinder bewegen
- **Kognitive Ebene:** Verständnis des Erlebten
- **Handlungsebene:** Möglichkeit zur Aufarbeitung bzw. Veränderung

Die Umsetzung dieser ganzheitlichen Pädagogik ermöglicht individuelle Erfahrungen und Erlebnisse auf Seiten jedes Kindes. Sie erlangen eigene, lebenspraktische Fähigkeiten (Kompetenzen) und erweitern diese und vergrößern so ihren Erfahrungshorizont, ihr Selbstbewusstsein und lernen selbstständig zu denken und zu handeln. Die Zusammenarbeit mit der Umwelt vergrößert die Erfahrungsmöglichkeiten.

Ein geplantes Vorgehen ist möglich, jedoch nicht zentrales Anliegen der Projekte. Geplante Angebote für Kinder, zur Behebung von Defiziten, die durch Erwachsene festgestellt wurden, sind nicht Ziel der Arbeit.

Waldkindergarten

Die Kinder werden im Waldkindergarten bei jedem Wetter das ganze Jahr über betreut. Die Gruppe setzt sich aus 15-20 Kindern im Alter zwischen drei und sechs Jahren sowie mindestens zwei ErzieherInnen zusammen.

Es gibt kein festes Gebäude. Bei extremem Wetter wie Sturm, Hagel oder Gewitter, das den Aufenthalt im Freien gefährlich machen würde, werden Zelte, Bauwagen oder Hütten aufgesucht. In der Natur findet sich eine große Auswahl an Spielmaterial (Naturmaterialien aus Wald, Feld, Wiese). Es findet eine ausreichende Bewegung und körperliche Aktivität statt (auf Bäume klettern, auf Stämmen balancieren, mit Lehm bauen oder in Regenpfützen hüpfen).

Die Kinder werden selber kreativ, sie schulen ihre Sinne, ihre Phantasie und ihre Grob- und Feinmotorik. Sie lernen viel über die gegenseitige Abhängigkeit von Mensch und Natur und werden wachsam und fürsorglich im Umgang mit sich und ihrer Umwelt (für Pflanzen, Tiere und ihre ursprünglichen Lebensräume), es erfolgt eine Sensibilisierung für ökologische Zusammenhänge.

Waldorfpädagogik (Rudolf Steiner, 1861-1925)

Diese reformpädagogische Richtung trägt die übergeordnete Bezeichnung „Anthroposophie" (griechisch anthropos = Mensch; sophia = Weisheit), unter der Steiner das eigenständige Forschen auf geistigem Gebiet verstand. Waldorfkindergärten sind eigenständige Einrichtungen oder an Waldorfschulen angeschlossen. Die erste Waldorfschule wurde 1919 in Stuttgart eröffnet, der erste Waldorfkindergarten wurde 1926 an ebendiese Waldorfschule angegliedert.

Wesentliche Merkmale sind künstlerische und praktische Erziehungselemente. Das Spielzeug besteht größtenteils aus Naturmaterialien, die die Kreativität fördern (Wolle, Filz und Holz). Im freien Spiel wird die Individualität und die Persönlichkeit des Kindes deutlich. Feste Rhythmen bei der Zeitgestaltung geben den Kindern Sicherheit.

Der Tag gliedert sich in verschiedene Phasen: Freispiel, Vorlesen eines Märchens und künstlerisches Arbeiten. Die Woche ist ebenfalls in Phasen eingeteilt. Bestimmten Wochentagen sind bestimmte Aktivitäten zugeordnet.

Die verschiedenen Jahreszeiten und jahreszeitlich bedingte Feste sind Anlass für kreative Umsetzungen und unterteilen so das Jahr.

Die Eurythmie (griechisch: eu = schön, gut; rhythmos = Gleichmaß, gleichmäßige Bewegung) steht regelmäßig auf dem Wochenplan. Sie ist eine Bewegungskunst, die von Rudolf Steiner entwickelt wurde. Sie bringt geistige Inhalte künstlerisch zum Ausdruck und soll Kindern helfen, Geist und Seele gesund und ausgeglichen zu entwickeln.

Die kindlichen Entwicklungszeiten sind fix in 7-Jahres-Schritte eingeteilt und eine individuelle Entwicklung wird nicht anerkannt.

Entdeckendes Lernen (auch exploratives Lernen)

Bei dieser pädagogisch-didaktischen Methode zur Wissensaneignung liegt der Fokus der Betrachtung auf dem Schüler, nicht auf der Vermittlung durch die Lehrperson. Seinen Ursprung in neuerer Zeit hatte das entdeckende Lernen in den englischen Curricula der 1970er Jahre. Unter Bezug auf Piaget und Bruner wurden sehr lebendige Unterrichtsanregungen für den als Science bezeichneten Unterricht auch für jüngere Altersstufen entwickelt. In den deutschen Sachunterricht haben Ansätze des entdeckenden Lernens zeitlich verzögert Eingang gefunden.

Montessori-Pädagogik

Maria Montessori (1870-1952), italienische Ärztin und Pädagogin, gründete 1907 in Rom das erste Montessori-Kinderhaus für Kinder aus berufstätigen Arbeiterfamilien.

In offenem Unterricht orientieren sich Montessori-PädagogInnen an den individuellen Entwicklungsbedürfnissen der Kinder. Erziehung zur Selbstständigkeit: „Hilf mir, mir selbst zu helfen", ist der Grundsatz der Montessori-Pädagogik. Der natürliche kindliche Forschungs- und Entwicklungsdrang wird von den PädagogInnen im selbstbestimmten Lernen unterstützt. Durch Beobachtung eines jeden Kindes (Entwicklung, Entwicklungsbedürfnisse, bevorzugte Materialien) werden die individuell passenden didaktischen Mittel gewählt. Das Kind wird in seinen Entwicklungsbedürfnissen optimal unterstützt und gefördert.

Maria Montessori: „Aber statt zu begreifen, dass da eine geistige Offenbarung war, eine neue Tatsache, dass ein Zipfel des Schleiers sich lüftete, der das große Unbekannte, den Menschen, umhüllt, sprach man über eine Erziehungsmethode, die Wunder wirkte. Man schrieb einer äußeren Ursache die Erscheinung feiner innerlicher Äußerungen zu, die der Gegenstand langer Studien werden sollte. Nicht eine neue Erziehungsmethode sollte daraus entstehen, sondern ein neuer und besserer Mensch, dem man die neue Welt anvertraut."[46]

---

[46]   Maria Montessori: Erziehung für eine neue Welt, S. 35.

Christine Holubek · Montessori-Pädagogik

Das Leben Maria Montessoris

Nach zwei Weltkriegen erfüllte Maria Montessori wie viele Menschen ein Bedürfnis nach Frieden und einer bestmöglichen Heranbildung der Kinder zu selbstbewussten Menschen, die von Fremdbestimmung frei sind und durch achtsamen Umgang mit der belebten und unbelebten Natur ein tiefes Verständnis entwickeln für menschliche Bedürfnisse und ein friedliches Zusammenleben.

Maria Montessori war ihr Leben lang bestrebt, die Entwicklungsbedürfnisse des Kindes und des jungen Erwachsenen in den Mittelpunkt ihres pädagogischen Konzeptes zu stellen. Bei genauer Betrachtung ist dieses geniale Konzept auf das gesamte menschliche Leben anwendbar, zur Erlangung und Schulung der Sinne und deren Erhaltung im späteren Leben.

Oft wird die Ordnung und die dienende, unterstützende Haltung der PädagogInnen im pädagogischen Montessori-Konzept mit antiautoritärer Erziehung und das Wahrnehmen von Entwicklungsbedürfnissen mit Verwöhnen verwechselt. Die Verantwortung für sich und andere wird dabei nicht im alters- und entwicklungsentsprechenden Zusammenhang gesehen.

„Etwas in uns selbst hindert uns, das Kind zu verstehen. Wir sind alle mehr oder weniger hinter einer Maske verborgen. Unsere Persönlichkeit versteckt sich unter einer Vermummung, welche die Wahrheit mühsam durchlässt, auch wenn diese noch so einfach ist", sagte Maria

Montessori 1941 und weiter: „Ich begreife nun ganz die Hindernisse, die sich zwischen mir und dem Kind befanden. Sie wären unüberwindlich gewesen, wenn die Umstände mir nicht geholfen hätten. Die größten Hindernisse wurden durch meine eigene Entwicklung verursacht, durch die lange Dauer meiner Studien und meine vollständige Hingabe an die Wissenschaft."[47]

Rita Kramer bestätigt dies in ihrer Biografie über die Pädagogin: „Maria Montessori ist viel komplizierter und interessanter als die Gipsheilige, zu der ihre ergebenen Anhänger sie gemacht haben. Unter der fast mystischen Verehrung steckt eine zähe, intelligente Frau, die zumindest in ihrer Jugend Dinge dachte und tat, die niemand vorher in den Sinn gekommen waren."[48]

Vieles wird im Dunkeln bleiben über diese Frau in einer Zeit des Umbruchs, die den Mut hatte, Neues zu wagen, und unbeirrbar ihren Weg ging. Die wegen gesellschaftlicher Zwänge ihren Sohn verleugnen musste und so viel für andere Kinder tat. Einiges in ihrem Verhalten wird im Zusammenhang mit ihrem Leben und durch die Zeitumstände verständlicher und gleichzeitig wieder unklar. Maria Montessori wurde geliebt und blieb doch oft unverstanden in ihrer konsequenten Parteinahme für das Kind und seiner Entwicklungsbedürfnisse. Ihr geniales pädagogisches Konzept, das wissenschaftlich fundiert und umfassend ist, wird bleiben.

Mit ihrer Vielfältigkeit an Interessen, ihrem Mut und ihrer Menschenliebe war Maria Montessori ihrer Zeit weit voraus. Viele Staaten haben die von ihr entwickelte Pädagogik in ihr Schulsystem integriert, andere haben noch immer Bedenken und Angst vor selbstbestimmten und selbstbewussten Staatsbürgern, die in echter Freiheit leben.

---

[47] Ebd., S. 18 ff.
[48] Rita Kramer: Maria Montessori – Leben und Werk einer großen Frau. S. 13, Frankfurt am Main: Fischer, 2004.

Der Lebenslauf Maria Montessoris

- Am 31.08.1870 wird Maria Montessori in Chariavelle, in der Provinz Ancona, geboren.
- Ab 1876 lebt sie in Rom.
- 1890 beginnt sie als eine der ersten Frauen in Italien ein Studium der Medizin.
- 1896 Promotion zum Doktor der Medizin, als erste Ärztin Italiens.
- 1897-1898 ist sie Assistentin an der Regia Clinica Psichiatrica.
- 1896 gründet sie die Lega Nazionale per la educazione dei fanciulli deficienti.
- 1899 hält sie eine Vortragsreihe an der Scuola normal di magistero des Collegio Romano über Erziehungsmethoden für behinderte Kinder.
- 1900 Eröffnung der Scuola Magistrale Ortofrenica der Lega Nazionale.
- 1901 Zweiter internationaler Pädagogenkongress in Neapel.
- Ab 1905 Studium der Anthropologie, Experimentalpsychologie, Erziehungsphilosophie, Pädagogik und Hygiene an der philosophischen Fakultät der Universität in Rom. Sie führt anthropologische Studien an Grundschulen und Hospitationsbesuche in Schulen durch.
- 1907 Eröffnung der ersten Casa dei bambini (Kinderhaus) in der Via Marsi 58 in San Lorenzo (Rom).
- 1908 Gründung der ersten Casa dei bambini in Milano.
- 1909 veröffentlicht sie die erste Schrift über das Kinderhaus mit dem Titel: „Die Methode der wissenschaftlichen Pädagogik, angewandt auf die Kindererziehung im Kinderhaus". Gründung der Montessori-Gesellschaft in Rom.
- 1913 Erste Reise nach Amerika.
- 1914 Internationaler Ausbildungslehrgang in Castello San Angelo in Rom. Gründung einer Gesellschaft zur Erstellung von Regeln und Normen für die Arbeit der Montessoribewegung

in Großbritannien. Zweite Amerikareise. Ausbildungskurs für Lehrerinnen in Los Angeles und San Diego. Einrichtung einer Montessoriklasse auf der Weltausstellung in San Francisco. Internationaler Ausbildungslehrgang in San Francisco.

- 1916 Maria Montessori übersiedelt nach Barcelona/Spanien. Dort hält sie alle zwei Jahre Ausbildungskurse für Pädagogen, ebenso alle zwei Jahre in Großbritannien.
- 1922-1936 Mehrmonatige Aufenthalte in Italien (Mussolini).
- 1929 Fünfte Weltkonferenz der New Education Fellowship in London, gleichzeitig internationaler Montessori-Kongress sowie Gründung der AMI (Association Montessori International). Damit kommt sie auch offiziell mit den reformpädagogischen Bewegungen in Berührung.
- 1930 Vortragsreise nach Wien, Begegnung mit Anna Freud. Friedenskonferenzen in Genf, Brüssel, Kopenhagen und Utrecht. Dort hält sie Vorträge über „Educazione e Pace". Dabei entsteht die Idee der kosmischen Erziehung.
- 1936 Internationaler Montessori-Kongress in Oxford/England. Umzug in die Niederlande, in die Nähe von Amsterdam, dort Gründung einer Montessori-Schule.
- 1939-1946 Erste Vortragsreise nach Indien mit ihrem unehelichen Sohn Mario. Gleichzeitig bricht der Zweite Weltkrieg aus und sie kann nicht mehr nach Europa zurück. In Indien ist sie Gast der Theosophischen Gesellschaft.
- 1944 Ausbildungskurse in Sri Lanka und Pakistan.
- 1946 Rückkehr nach Europa.
- 1947-1949 Zweite Vortragsreise nach Indien.
- 1951 Montessorikurs in Innsbruck (drei Monate).
- 1952 Montessori beabsichtigt, nach Afrika zu reisen, stirbt aber an einer Gehirnblutung und wird in Nordwijk aan Zee/ Niederlande begraben.

Geschichte der Montessori-Pädagogik in Österreich[49]

Von 1920 bis 1930 war Maria Montessoris Einfluss in und um Wien ständig spürbar. Auch außerhalb der Hauptstadt Österreichs entstanden Montessori-Schulen, meist in Außenbezirken unweit der Metropole.

1928 besuchten 50 Kinder im Alter von 2,5 bis 10 Jahren die Montessori-Schule von Lilli Roubiczek. Eine weitere Schule wurde 1930 in Wien am Rudolfsplatz vom Architekten Franz Schuster im Stil des Bauhauses erbaut. Sie wurde von Kindern der Mittelschicht besucht. Mitten in einer neu angelegten städtischen Wohnungssiedlung im 10. Bezirk der Stadt Wien, die im Zusammenhang mit den Ideen für sozialen Wohnbau entstand, wurde in der Troststraße eine einzigartige Kindertagesstätte für die ganztägige Betreuung von 200 Arbeiterkindern und 100 halbtägig betreuten Kindern erbaut. Eine Abteilung davon arbeitete nach den Montessori-Prinzipien.

Maria Montessori hielt im Dezember 1930 Vorträge in Wien. Lili Roubizek, die diese übersetzte, war Mittelpunkt einer Gruppe junger Lehrerinnen, die in ihre Arbeit nicht nur die Montessori-Pädagogik, sondern auch andere Erziehungskonzepte und Psychoanalyse der Familie Freud einband. Es kam auch zu einem Gedankenaustausch zwischen Maria Montessori und Sigmund und Anna Freud.

1932 veröffentliche Lili Roubiczek eine Abhandlung zur Theorie des Spiels in der „Zeitschrift für Psychoanalyse und Pädagogik", die sich mit der Anwendung der Psychoanalyse auf die Pädagogik beschäftigte, besonders im Bereich der Sprachentwicklung des Kindes und seines Spieles. Sie veröffentlichte in den folgenden Jahren Berichte über die Erziehung in der frühen Kindheit und über gemeinsame Aspekte der Montessori-Pädagogik und der Psychoanalyse.

---

[49] Die folgenden Informationen entnehme ich vorwiegend der Biografie von Rita Kramer über Maria Montessori.

In Österreich hatte es nach dem Ersten Weltkrieg scharfe Spaltungen zwischen städtischen Arbeiter-Sozialisten und den intellektuellen Mitgliedern der österreichischen Arbeiterpartei, den konservativen ländlichen Katholiken der christlich-sozialen Partei, der Bauern- schaft und der unteren Mittelschicht gegeben. Das in den 1930er Jahren von den Sozialisten im Wiener Stadtparlament entwickelte Wohlfahrtsprogramm war eines der fortschrittlichsten Europas.

Durch die weltweite wirtschaftliche Depression und den anwach- senden Einfluss der österreichischen Nazipartei trat ab 1934 jedoch eine politische Lähmung ein, was mit der Ermordung von Kanzler Dollfuß und in einem Bürgerkrieg endete. Vorerst wurden die Wie- ner Montessori-Schulen noch von einem Regierungsbeamten des neuen Regimes beschützt. Da aber die meisten Mitglieder der Wiener Schulreform-Bewegung Juden waren, mussten diese Österreich ver- lassen. Nach der Machtübernahme durch Hitler im Jahr 1938 wurden auch die Vorreiter der Montessori-Bewegung um Lili Roubiczek aus Wien vertrieben.

Mit der Annexion Österreichs durch Deutschland im Jahr 1938 wurde Wien dem Dritten Reich einverleibt. Dieser „Anschluss" be- deutete das Ende der Montessori-Bewegung – wie alles schöpferi- schen Geisteslebens dort – bis nach dem Zweiten Weltkrieg.

Im Sommer 1951 nahm Maria Montessori eine Einladung zu einem Besuch in Tirol an. Als sie nun seit den frühen 1930er Jahren zum ersten Mal wieder in Österreich war, hielt sie von Juli bis Oktober 1951 einen Ausbildungskurs in Innsbruck ab. Es war ihr letzter. Nach Beendigung des Kurses stand sie auf dem Arm ihres strahlenden Soh- nes Mario Montessori gelehnt da, eine unbezwingbare Gestalt vor der märchenhaften Gebirgsszenerie, und lauschte aufmerksam, während ihr eine Gruppe von Teilnehmern ein Abschiedslied sang. Bei diesem Ausbildungskurs wurde auch die Österreichische Montessori-Gesell- schaft gegründet, die bis 1954 aktiv war. 1990 wurde der „Montessori

Österreich – Bundesdachverband" gegründet, kurz danach folgte die Neugründung der Österreichischen Montessori-Gesellschaft. Ab den 1970er Jahren entstand in Österreich eine Reihe Montessori-Einrichtungen, vor allem im Kinderhausbereich.

Geschichte der Montessori-Pädagogik weltweit

Maria Montessori gründete 1907 in San Lorenzo, einem Armenviertel von **Rom**, die erste *Casa dei Bambini* („Kinderhaus"), in dem zum Teil verwahrloste Arbeiterkinder betreut wurden. Die Kinder lernten hier mit großem Erfolg binnen kürzester Zeit Rechnen und Schreiben. Hier verwirklichte Montessori erstmalig ihre Vorstellungen von Bildung und erweiterte ihre Methode

Die erste **deutsche** Montessorischule wurde 1923 in Jena in einer ehemaligen Grundschule gegründet. Sie bestand bis 1929, als sie von der nationalsozialistischen Landesregierung verboten und geschlossen wurde. Das meist von den Eltern hergestellte Montessorimaterial wurde der Friedrich-Schiller-Universität übergeben.

Die 1929 von Maria Montessori gegründete Association Montessori Internationale (AMI) mit Sitz in **Amsterdam** sorgte nach dem Tod Montessoris für die Fortsetzung ihres Lebenswerkes. Eine Reihe nationaler Montessori-Gesellschaften, die bestimmte Qualitätskriterien erfüllen, sind der AMI angeschlossen. Es gibt eine Reihe nationaler und internationaler Montessori-Vereinigungen, die unabhängig von der AMI sind und sich in Deutung, Umsetzung und Qualitätsverständnis von der Montessori-Pädagogik der AMI unterscheiden.

In **Deutschland** arbeiten über 600 Kitas nach den Prinzipien der Montessori-Pädagogik, ca. 300 Grundschulen und ca. 100 weiterführende Schulen. Die meisten Einrichtungen sind in freier Trägerschaft (Stand 2010).

Anfang der 1970er Jahre wurde im **indischen Dharamsala** nach intensiver Suche nach einem geeigneten pädagogischen Konzept für das dortige Schulsystem die Montessori-Pädagogik eingeführt. In

Dharamsala existiert eine eigene Betreuung für tibetische Waisen- und Flüchtlingskinder. Seit 1979 kommen jedes Jahr zwischen 700 und 1500 Kinder aus Tibet nach Indien.

Ab 1913 entwickelte sich in **Nordamerika** starkes Interesse an Montessoris Erziehungsmethoden, das aber später erlahmte. Erst ab 1960 lebte es mit der Gründung der Amerikanischen Montessori-Gesellschaft (American Montessori Society) durch Nancy McCormick Rambusch wieder auf.

Im Jahre 1939 reiste Maria Montessori auf Einladung der Theosophischen Gesellschaft nach Indien, um Vorträge und Ausbildungskurse zu halten. Nach dem Ausbruch des Zweiten Weltkrieges wurde sie dort als feindliche Ausländerin von den Briten interniert. Während dieser Zeit hielt sie eine Reihe von Ausbildungskursen ab. Sie verließ Indien erst 1946 wieder und kehrte 1949 endgültig nach Europa zurück.

Während dieser Zeit entwickelte sie insbesondere das Prinzip der „Kosmischen Erziehung" und den „Erdkinderplan".

Grundlagen der Montessori-Pädagogik[50]

Montessori-Pädagogik wird oft mit antiautoritärer Erziehung verwechselt. Das Kind mit seinen wirklichen Entwicklungsbedürfnissen steht zwar bei dieser Erziehungsmethode im Mittelpunkt, dies hat aber nichts mit Verwöhnung des Kindes oder „Machtabgabe" an das Kind zu tun. Vielmehr geht es um den respektvollen Umgang mit Menschen, mit der Natur und der unbelebten Umgebung sowie um Achtsamkeit dem Leben gegenüber. Um genaue Orientierung und Ordnung für das Kind in der vorbereiteten Umgebung und die Erwachsenen als liebevolle, achtsame Begleiter und Vorbilder für das wachsende Leben.

---

[50] Ich folge hier den Ausführungen in der Montessori-Diplomarbeit von Stefanie Holubek aus dem Jahr 2009, OMG Wien.

Mit der Kenntnis der Entwicklung des Kindes durch Beobachtung und kindgerechte und (entwicklungs-)entsprechende Entwicklungsmaterialien wird das selbsttätige Lernen des Kindes gesichert. Die Pädagoginnen und Pädagogen müssen über eine gut entwickelte Persönlichkeit, Gelassenheit und Weitsicht verfügen.

Die gute Zusammenarbeit mit den Eltern bzw. der Familie – dazu gehören neben den nahen Verwandten (Großeltern etc.) auch Kindermädchen und anderes Personal – ist ein wichtiger Bestandteil in der Erziehungsarbeit. Wenn diese nicht gewährleistet ist, zeigen die Kinder Ungleichgewicht in den Beziehungen. Dies kann, wenn es nicht ausgesprochene Probleme der Eltern mit dem Betreuungspersonal gibt, zur Auflösung des Betreuungsverhältnisses führen. Oft ist erst Jahre später mit dem zweiten oder dritten Kind eine Lösung des Problems bzw. die Einsicht der Eltern und eine Rückkehr in die Einrichtung möglich. Daher ist es unbedingt erforderlich – obwohl es einen großen zusätzlichen Aufwand für das Personal bedeutet –, eine gute Gesprächskultur mit Elterngesprächen und Elternseminaren zu pflegen.

Da Kinder sich zuhause oft ganz anders verhalten als in der außerhäuslichen Betreuung, sind Fotos und Filme neben der schriftlichen Beobachtung sehr wichtig. Anhand dieser können dann auch Missverständnisse geklärt werden.

Im Idealfall wird die Familie die Vorzüge des Montessori-Konzeptes früh erkennen und den weiteren Bildungsweg des jungen Menschen darauf abstimmen. Eine freudvolle Einstellung zum Lernen erleichtert das Leben der gesamten Familie. Kein Mensch braucht unnötigen Leistungsdruck, wo das Lernen einfach Spaß machen kann! So entsteht soziale Kompetenz und Teamfähigkeit. Also Fähigkeiten, die in Zukunft wichtiger sein werden als bloße Faktenanhäufung.

Rücksicht und Respekt vor dem Leben und der Umwelt können zu einem besseren Leben für uns alle beitragen.

Sensible Phasen[51]

Eine sensible Phase[52], sagt Maria Montessori, ist der Zeitraum einer selektiven Wahrnehmung. Das Kind ist auf eine bestimmte, für seine momentane Entwicklung wichtige Lernerfahrung fixiert. Die selektive Wahrnehmung blendet das aktuell Unwichtige in seiner Umgebung aus. Das kindliche Lernen ist nicht mit dem eines Erwachsenen vergleichbar und die bei dieser Tätigkeit aktiven Kräfte werden nach Maria Montessori als „absorbierender Geist"[53] bezeichnet. Der absorbierende Geist bezeichnet das psychische, nicht intellektuelle Absorbieren von Erfahrungen. Auch Erwachsene haben sensible Phasen, wie z.B. das selektive Wahrnehmen von roten Autos beim Wunsch und Neukauf eines Autos.

Zur gezielten Unterstützung der kindlichen Entwicklung kreierte Maria Montessori die Entwicklungsmaterialien. Diese Materialien helfen dem Kind in der angepassten „Vorbereiteten Umgebung", sich in seiner Selbsttätigkeit und Freiheit dem Alter entsprechend zu entwickeln.

Heutige wissenschaftliche Arbeiten wie z.B. von Manfred Spitzer bestätigen, was Maria Montessori schon vor mehr als 50 Jahren feststellte. Aus dem Zusammenspiel von Reifung und Lernen lassen sich

---

[51] Ebd.
[52] Vgl. Maria Montessori: Die Entdeckung des Kindes. Freiburg: Herder, 1969; dies.: Kinder sind anders; dies.: Schule des Kindes. Montessori-Erziehung in der Grundschule. Freiburg: Herder, 1976.
[53] Maria Montessori, Das kreative Kind. Der absorbierende Geist. Freiburg: Herder 1972.

unter anderem die sogenannten kritischen oder sensitiven Perioden ableiten. In diesen entwicklungspsychologisch sehr wichtigen Zeitabschnitten werden bestimmte Erfahrungen gemacht, durch die bestimmte Fertigkeiten bzw. Fähigkeiten erworben werden. Zum Vergleich die „Sensiblen Phasen" bei Maria Montessori. Auch im Hinblick auf die Sprachentwicklung gibt es kritische Perioden oder zumindest sensible Phasen (tuning periods), was den Erwerb von Lauten und Regeln bis hin zur komplexen Grammatik anbelangt. „Daraus folgt leider auch in vieler Hinsicht: Was Hänschen nicht lernt, lernt Hans nimmermehr. In neurobiologischer Hinsicht ist diese Volksweisheit längst eingeholt und auf vielfache Weise bestätigt."[54] Mario M. Montessori geht in seinem Werk „The Human Tendencies and Montessori Education" auf diese grundlegenden Strukturen menschlichen Verhaltens ein.[55]

Die Wissenschaft der kognitiven Entwicklungsneurobiologie ist noch sehr jung. Bis vor wenigen Jahrzehnten herrschten Spekulationen und Ideologien, wenn es darum ging, was Kinder sind, wozu sie in der Lage sind und wie man mit ihnen umgehen sollte. Soweit diese Spekulationen und Ideologien in unser Erziehungssystem Eingang fanden, wirken sie sich keineswegs immer günstig auf Kinder aus. Dass die meisten dennoch ihre Kindheit mitsamt Erziehung und Schule halbwegs überstehen, liegt daran, dass Kinder erstaunlich robust sind. Sie suchen sich einfach selbst, was sie gerade am besten lernen können. Ihr sich entwickelndes Gehirn stellt einen eingebauten Lehrer dar.

---

[54] Spitzer Manfred: Lernen, S. 240 und 241.
[55] Mario M. Montessori: The Human Tendencies and Montessori Education. Grundlegende Strukturen menschlichen Verhaltens und Montessori Erziehung (1972). Deutsche Übersetzung in: Das Kind, Sonderhaft 2008. Deutsche Montessori Gesellschaft e.V.

Absorbierender Geist[56]

Erwachsene nehmen ihr Wissen mit Hilfe der bewussten Intelligenz auf (zielorientierte Freude bei der Arbeit). Das Kind absorbiert mit seinem psychischen Leben (qualitatives Anderssein der frühkindlichen Intelligenz und ihrer Aktivitäten).

Die Nutzung der sensiblen Phasen hängt von den Erfahrungen ab, die einem Kind in seiner Umwelt ermöglicht werden. Zur optimalen Unterstützung schuf Maria Montessori ihre Entwicklungsmaterialien:

„Daher vertrete ich die Meinung, dass jede Erziehungsreform auf der Entwicklung der menschlichen Personalität basieren muss. Der Mensch selbst sollte Mittelpunkt der Erziehung werden. Man muss sich stets vor Augen halten, dass der Mensch sich nicht an der Universität entwickelt, sondern dass seine geistige Entwicklung bei der Geburt beginnt und in den ersten drei Jahren am stärksten ist. Diesen ersten Jahren gebührt die wachsamste Sorge. Hält man sich streng an die Regel, so wird das Kind keine Mühe mehr machen, sondern es wird sich als das größte und hilfreichste Wunder der Natur offenbaren. Wir werden somit nicht nur ein Kind vor uns haben, das als kraftloses Wesen betrachtet wird, so etwas wie ein leeres Gefäß, das mit unserem Wissen vollgestopft werden muss, sondern es zeigt sich vor uns in seiner Würde, in dem wir den Schöpfer unserer Intelligenz erblicken, ein Wesen, das, geleitet von einem inneren Lehrmeister, voll Freude und Glück nach einem festen Programm unermüdlich an dem Aufbau dieses Wunders der Natur, dem Menschen arbeitet.

Wir sind aufnehmende Wesen; füllen uns mit Eindrücken und behalten sie in unserem Gedächtnis, werden aber nie eins mit ihnen, so wie das Wasser vom Glas getrennt bleibt. Das Kind hingegen

---

[56] Stefanie Holubek, Diplomarbeit.

erfährt eine Veränderung: Die Eindrücke dringen nicht nur in seinen Geist ein, sondern formen ihn. Die Eindrücke inkarnieren sich in ihm. Das Kind schafft gleichsam ein ‚geistiges Fleisch' im Umgang mit den Dingen seiner Umgebung.

Wir haben seine Geistesform absorbierenden Geist genannt. Es ist schwierig für uns, die Fähigkeit des kindlichen Geistes zu begreifen, aber es handelt sich zweifellos um eine privilegierte Geistesform."[57]

Einteilung der sensiblen Phasen

Die Lebensschritte finden alle 6 bis 7 Jahre statt:

Erste sensible Phase von 0 bis 6 Jahre
— Unterphase von 0 bis 3 Jahre („unbewusste Schöpfer")
(Zeit des unbewussten, nicht willentlichen Lernens)

— Sensibilität für Bewegung und Motorik
  — Handmotorik
  — Gleichgewicht
  — Bewegung durch den Raum

Sensibilität für Sprache
Enge Verbindung mit dem Gehörsinn
Absorbierung anfangs nicht nur durch die unbewusste Intelligenz, sondern auch durch visuelle Beobachtung des Sprechenden.

Sensibilität für Ordnung (Orientierungsfunktion)
Äußere Ordnung: Anreiz zum Handeln (zeitlich und räumlich), Bedürfnis nach einer überschaubaren und fest geordneten Umgebung.

---

[57] Maria Montessori: Das kreative Kind. Der absorbierende Geist, S. 23.

- Innere Ordnung: Erkennen von Beziehungen
- Nicht mit der „Ordnung" Erwachsener vergleichbar

Die Phase von 0 - 3 Jahre gilt als Phase der „Indirekten Erziehung", da die kindliche Entwicklung in dieser Zeit als nicht direkt beeinflussbar gesehen wird. Da das Kind seine Umgebung absorbiert, ist hier ein geordnetes und angepasstes Umfeld wichtig.

Unterphase von 3 bis 6 Jahre

(Entwicklung zum bewussten Arbeiter)

- Entwicklung des Bewusstseins durch Aktivitäten in der Umgebung
- Vervollkommnung und Anreicherung gemachter Errungenschaften
- Soziale Integration
- Verfeinerung der Sprache

In dieser Zeit üben die Kinder das „Miteinander" und die Sprache.

„Kleine Kinder zwischen drei und sechs Jahren haben eine besondere Psychologie. Sie sind voller Liebe. Ohne Liebe sind sie nur, wenn man sie schlecht behandelt. Wenn man schlecht mit ihnen umgeht, so ändert sich ihre wirkliche Natur. Sie sind selbst voller Liebe, und sie brauchen Liebe, um aufzuwachsen. Alle natürlichen Mütter lieben ihre Kinder, und so erhalten die Kinder die Liebe, die sie brauchen. Die Liebe der Eltern ist die Sicherheit dieses Alters. Ihre Lebensfreude hängt davon ab, dass alle Menschen um sie herum einander lieben. Dieses Gefühl der Sicherheit, das aus der Liebe ihrer Eltern kommt, ist auch notwendig für ihren Erfolg in der Schule. Kinder einer eigenen Familie sind sehr erfolgreich. Kleine Kinder brauchen das Gefühl, dass ihre Eltern ohne sie nicht leben können und dass, wenn sie selbst nicht lieb sind, ihre Eltern leiden."[58]

Meine Erfahrungen[59]

Kinder in dieser Altersgruppe benötigen viel Sicherheit und Zuwendung. Sie erlernen erst die Dinge, die wichtig für das Leben in einer Gemeinschaft sind. Ich versuche ihnen den bestmöglichen Start ins Leben zu geben und hoffe, ich bereite sie auch gut auf das Lernen in der Schule vor. Das Lernen fällt den Kindern in dieser Altersgruppe sehr leicht, solange sie nicht von außen unter Druck gesetzt werden. Einige Eltern setzen zu hohe Erwartungen in die Kinder, sodass diese sich total verweigern und kaum zu Material greifen. Doch meist hilft ein Gespräch mit den Eltern oder dem Kind, um das Gefühl von Geborgenheit zu vermitteln.

Da Liebe und Schutz notwendig für dieses Alter sind, muss das religiöse Gefühl Liebe und Schutz ausdrücken. Die Idee, dass Gott uns liebt, ist genau die richtige, die das Kind versteht. Das kleine Kind liebt den Gedanken, dass Engel um uns sind und über uns wachen. Und dass, wenn es traurig ist oder unglücklich, Gott das weiß. Kinder sind voller Liebe für uns.[58]

Zweite sensible Phase von 6 bis 12 Jahre

* Stabil
* Moralische und soziale Sensibilität
* Beurteilung eigener und fremder Handlungen nach den Kriterien Gut und Böse
* Probleme der Gerechtigkeit

---

[58] Ebd., S. 20.
[59] Stefanie Holubek, Diplomarbeit.
[60] Vgl. Maria Montessori: Gott und das Kind, Freiburg: Herder, 1991, S 103 ff.

- Konkretheit moralisch-sozialen Handelns
- Bedürfnis nach Erweiterung des Aktionsbereiches
- Auch sozial neue Beziehungen
- Übergang des kindlichen Geistes zur Abstraktion
- Sensibilität für Vorstellungen (Keim des Wissens)
- Entstehung des moralischen in Verbindung mit dem sozialen Bewusstsein

- Innere Sensibilität: Gewissen, Gerechtigkeit
- Organisation kindlicher Gesellschaft: Freiwilligkeit, Gefolgschaft, Regeln
- Sich dem Befehl des eigenen Gewissens unterstellen
- Sich selbst, einem „inneren Führer", gehorchen

In dieser Zeit entwickelt sich das moralische Bewusstsein: der „innere Führer", der das Kind zum Meister seiner Selbst formt. Das Alter von 6 bis 12 Jahre als die Zeit des Übergangs des kindlichen Geistes zur Abstraktion ist eine Art sensibler Periode der Vorstellungskraft. In dieser Zeit wird der „Kein für die Wissenschaften" gelegt[61]: „Die Rolle der Erziehung besteht darin, das Kind tief zu interessieren an einer äußeren Aktivität, an die es sich mit all seinen Fähigkeiten hingibt. Es handelt sich darum, ihm Freiheit und Unabhängigkeit zu geben, indem es sich für eine Wirklichkeit interessiert, die es dann durch seine Aktivität entdeckt. Das ist für das Kind das Mittel, sich vom Erwachsenen zu befreien."[62]

Förderung und Unterstützung gezielt möglich durch:
- Entwicklungsmaterial
- Gemeinschaft des Kinderhauses
- das Prinzip „Erfahrungen in der Umwelt"

---

[61] Maria Montessori: Von der Kindheit zur Jugend, Freiburg: Herder, 1973, S. 51.
[62] Ebd., S. 37.

- Möglichkeiten für die selbsttätige Entfaltung schöpferischer Energien (Sensibilitäten)
- Prinzip der Förderung der Sacheinsicht
- Meditation am Detail: „Das Ganze geben, indem man das Detail als Mittel gibt." Weg zur Wissens- und Gewissensstrukturierung
- Prinzip der Förderung von Moral- und Sozialeinsicht durch Handeln: Konkretisierung des moralischen Bewusstseins im Zusammenhang mit dem sozialen

Montessori dazu: „Beachten Sie die verschiedenen Phasen der seelischen Entwicklung. Mit sieben Jahren besitzt das Kind eine andere Physiologie. Es ist nicht mehr so abhängig von der Liebe seiner Eltern. Es will unabhängig sein. Es ist an der Unterscheidung zwischen gut und böse interessiert … Das Kind hat jetzt ein Verlangen nach klarer Unterscheidung. Es besitzt eine natürliche Tendenz nach klarer Unterscheidung.

Das normalisierte Kind achtet sehr darauf, nichts Böses zu tun. Wenn ein anderes Kind etwas tut, von dem es denkt, es sei nicht recht, so geht es zum Lehrer und fragt danach. Der Lehrer denkt vielleicht es petzt, aber es kommt wirklich wegen der Frage, ob die Handlung gut oder böse ist. Und wenn der Lehrer ihm das sagt, ist es zufrieden."[63] Das Kind erkennt somit die „Spielregeln" und wird zum Wächter über Recht und Ordnung.

---

[63]   Maria Montessori: Gott und das Kind, Freiburg: Herder, 1991, S. 104.

Meine Erfahrungen[64]

Als ich selbst in diesem Alter war, war meine Aufmerksamkeit sehr auf Ordnung und Regeln gerichtet. Wenn ich bei meinem Vater im Auto mitgefahren bin, kontrollierte ich immer die Geschwindigkeit des Autos, auch wenn er nicht angeschnallt losfahren wollte, wies ich ihn auf die bestehenden Regeln hin.

Auch wenn es für Erwachsene oft sehr schwer ist, sich die Regeln von Kindern aufzeigen zu lassen, sollten sie die Hinweise ernst nehmen, denn die meisten Erwachsenen können von den Kindern viel lernen.

Dritte sensible Phase von 12 bis 18 Jahre

- Labil
- Soziale Sensibilität verbunden mit dem Bedürfnis, Selbstständigkeit in sozialen Beziehungen zu entwickeln.
- Zustand der Erwartung und Bevorzugung schöpferischer Arbeit
- Eigene Strukturen werden gebildet
- Physiologische Labilität (Bedürfnis nach Schutz und Geborgenheit)
- Rolle des Menschen in der Gesellschaft begreifen und ergreifen
- Stärkung des Selbstvertrauens zur Förderung der Sensibilität für Selbstwert und personale Würde.
- In dieser Altersgruppe haben die Jugendlichen den Hang zur schöpferischen Selbstgestaltung. Die Entwicklung des Selbstvertrauens ist abhängig von der Anerkennung und Aufmerksamkeit der Umwelt, was sich wiederum auf den Erfolg auswirkt.

Förderung und Unterstützung gezielt möglich durch:
- Studieren und erkennen durch Handeln und Nachdenken
- Meditation an einem institutionalen Detail

---

[64] Stefanie Holubek, Diplomarbeit.

- Erfahrung als Grundlage für Reflexion und Einsicht
- Einsicht in verantwortliches Handeln
- Gewährung sozialer Anerkennung (als Herausforderung) im Sinne der Achtung durch ErzieherInnen
- Schule als ernstzunehmende Arbeit
- Handarbeit ist Sinn/Arbeit, z.B. Moped reparieren
- eigene Meinungsbildung
- Integration: Schwächen zeigen können

Meine Erfahrungen[65]

Manche Eltern sehen diese Phase der kindlichen Entwicklung als die schwierigste an. Die meisten jungen Erwachsenen in diesem Alter wollen rebellieren und testen Grenzen wie schon in früher Kindheit aus. Ich denke, wenn man ihnen mit Respekt, klaren Grenzen und Anerkennung entgegenkommt, haben sie nichts, wogegen sie sich zur Wehr setzen müssen.

„Wir müssen nämlich bei allem, was wir für das Kind tun wollen, es so tun, dass wir selbst als Person am wenigsten ins Gewicht fallen in allen Handlungen, in der ganzen Handlungsweise des Erwachsenen."[66]

Freiarbeit – Freie Wahl

Freiarbeit ist eine Form des Lernens, die sich an den individuellen Bedürfnissen des einzelnen Lernenden ausrichtet und einen Prozess selbstständiger Arbeit ermöglicht. Freiarbeit ist selbstbestimmtes Lernen und zählt zu den Konzepten des offenen Unterrichts. Die Freiarbeit ist keine beliebig handhabbare Methode, sondern kommt nur in einem klaren pädagogischen Begründungszusammenhang

---

[65] Stefanie Holubek, Diplomarbeit.
[66] Maria Montessori: Gott und das Kind, S. 85.

sinnvoll zur Geltung. Es gibt bei ihrer Durchführung keine angeordneten Pausen. Die Kinder entscheiden selbst, wann sie Jause essen oder auf die Toilette gehen.

„Die Freiheit an sich bedeutet nichts, sie ist etwas Ungeformtes, sie ist der erste Teil des Ganzen, die Voraussetzung einer Folge. Frei ist man von etwas oder zu etwas. Ohne dieses von etwas – oder zu etwas – bedeutet das Wort Freiheit nichts. Es gibt daher eine Wahl und dann die Ausführung. Die Ausführung ist eine komplexe Realität, die zu ihrer Vollbringung bestimmte und genaue Mittel verlangt und eine mehr oder weniger schwere und lange Übung, entsprechend dem Ziel, das erreicht werden soll.

Je mehr Freiheit den Gesetzen des Lebens entspricht – desto mehr ist es möglich, die Übung zu vereinigen mit der Hingabe an Gott."[67]

Pädagoginnen und Pädagogen

Nach dem Duden ist ein Pädagoge (von griechisch: paidagogós = Kinder-, Knabenführer) eine Person, die sich mit dem erzieherischen Handeln, also der Praxis von Erziehung und Bildung und den Theorien der Pädagogik professionell auseinandersetzt. Primär wird die Bezeichnung „Pädagoge" für eine Person gebraucht, die einen Studiengang aus dem Bereich der wissenschaftlichen Disziplin der Pädagogik abgeschlossen hat. Häufig steht sie speziell im Zusammenhang mit dem/r Diplom-Pädagogen/in.

Da die Berufsbezeichnung „Pädagoge" nicht geschützt ist, umfasst sie vor allem in der Umgangssprache oft sämtliche pädagogisch tätigen Fachkräfte wie beispielsweise auch ErzieherInnen.

Der Begriff des Erziehers ist mit dem Ansatz aus dem 19. Jahrhundert, „ein Kind dorthin zu ziehen, wo es hin soll", und dem Begriff des „Kindergärtners", der absolut nichts mit Garten zu tun hat, sondern

---

[67] Maria Montessori: Originaltext nach den Erfahrungen in San Lorenzo.

mit „ziehen" im Sinne der Pflege von Pflanzen, nicht vereinbar. Daher war und ist auch manchmal heute noch die Sicht auf das Kind als „noch nicht ganzer Mensch" eine fatale, da diese Einstellung leicht zu Übergriffen führen kann.

Unser Erziehungs- und Bildungssystem ist seit der industriellen Revolution im Auf- und Umbruch. Viele reformpädagogische Ansätze des beginnenden 20. Jahrhunderts sind noch von der damaligen industriell geprägten Sprache durchzogen. Auch Maria Montessori spricht vom „Bauplan des Kindes" und dem Baumeister seiner selbst, was aus heutiger Sicht die Entwicklungsphasen des Menschen beschreibt.

Das Disziplinierungssystem hat sich seither stark verändert. Häusliche Gewalt ist in Österreich seit 1996 gesetzlich verboten und die Selbstständigkeit der Frau seit 1975 anerkannt. Davor konnte Frau nur mit Zustimmung des Ehemannes einen Beruf ausüben und das Sorgerecht lag alleine beim Mann. Diese patriarchalen Strukturen sind in anderen Kulturen noch wirksam und bilden eine Herausforderung für das Zusammenleben. Da in der Erziehung von Kindern mehrheitlich weibliche Bezugspersonen und Pädagoginnen vertreten sind, beginnen die Missverständnisse auf Grund unterschiedlicher Entwicklungsformen von weiblichen und männlichen Kindern schon sehr früh.

Einerseits ist die Erziehung stark weiblich dominiert und für männliche Kinder oft bewegungseinschränkend und zu kommunikationslastig, für weibliche Kinder und Frauen hingegen oft abwertend und sozial einschränkend. Es darf auch nicht übersehen werden, dass der Berufszugang und die Betreuung von Kindern großteils Frauen zugestanden wird. Auch die Wissenschaften machen, da die meisten Studien von Männern erstellt werden, keinen Unterschied zwischen männlichen und weiblichen Bedürfnissen und Verhalten. Daher sind viele Bereiche, trotz der Bemühungen, unser Leben für Frau und Mann gleichwertig zu gestalten (Gender), „männliche Einbahnen". Weibliche Kommunikations- und Netzwerkfähigkeiten werden nicht wirklich genutzt.

Pädagoginnen und Pädagogen, die sich entschieden haben, ihren

Berufsweg gemeinsam mit Kindern und Eltern zu gehen, äußern durch ihre Freude und Bereitschaft, das Kind so anzunehmen, wie es ist, ihre Einstellung zum Menschen. Denn achtsamer und respektvoller Umgang zeigt sich durch Achtung anderer und sich selbst gegenüber.

So ändert sich die Sicht, wie Maria Montessori es treffend feststellt: „Wir Lehrer können nur zu dem bereits vollbrachten Werk helfen, so wie die Gehilfen ihrem Meister zur Hand gehen. Dann werden wir Zeugen der Entwicklung der menschlichen Seele werden: der Entstehung des *neuen Menschen,* der nicht mehr Opfer des Geschehens, sondern dank seiner klaren Sicht fähig sein wird, die Zukunft der menschlichen Gesellschaft zu meistern und zu formen."[68]

Zum Bild der Montessori-PädagogInnen meint Maria Montessori bereits 1946 in Indien, dass oft sehr oberflächlich über deren Anforderungen geurteilt wird. Lange wurde die Achtung der ungestörten Entwicklung des Kindes als Vernachlässigung und Unterforderung gesehen. Dabei ist das Beobachten, Dokumentieren und Reflektieren ganz im Gegenteil besonders wichtig, um das Kind in seiner Differenziertheit und seinen Bedürfnissen so zu begleiten, dass das Lebensumfeld und der Bildungsprozess optimal auf das einzelne Kind und seine individuellen Entwicklungsbedürfnisse abgestimmt werden können.

Erziehung ist als „wissenschaftliche Beobachtung nicht das, was der Lehrer weitergibt. Erziehung ist vielmehr ein natürlicher Vorgang, den der einzelne Mensch von selbst vollzieht, nicht durch Hinhören auf Worte, sondern durch Erfahrungen mit der Umwelt. Zur Aufgabe des Lehrers wird die Bereitstellung einer Reihe von Antrieben zu kultureller Tätigkeit, die sich über eine besonders vorbereitete Umgebung erstrecken. Danach hat sich der Lehrer jedes aufdringlichen Eingreifens zu enthalten. Menschliche Lehrer können bei dem großen Werk, das sich hier vollzieht, nur mithelfen wie Diener dem

---

[68] Maria Montessori: Das kreative Kind. Der absorbierende Geist, S. 6 und 23

Meister. So werden sie zu Zeugen der Entfaltung der menschlichen Seele und der Entstehung eines neuen Menschen, der nicht Opfer der Ereignisse sein, sondern die Klarheit zur Bestimmung und Gestaltung der gesellschaftlichen Zukunft haben wird."[69]

Dies bedeutet, dass die PädagogInnen eine Zeit-, Raum- und Regelstruktur erzeugen und somit für die Kinder Ordnung und Sicherheit bieten und pflegen. Neue Erfahrungen und neue Lernwege eröffnen sich dadurch für die Kinder. Die Schaffung des besten Umfeldes und der besten Bedingungen für körperliches, seelisches, geistiges und soziales Wachsen führen zur Erlangung von allen wichtigen Kompetenzen.

Die Pädagogin in der Freiarbeit – die Aufgabe des Lehrers/Erziehers[70]

- Er/sie muss das Kind, das arbeitet, respektieren, ohne es zu unterbrechen.
- Er/sie muss das Kind, das Fehler macht, respektieren, ohne es zu korrigieren.
- Er/sie muss das Kind respektieren, das sich ausruht und die Arbeit anderer betrachtet, ohne es zu stören und ohne es zur Arbeit zu zwingen.
- Er/sie muss aber unermüdlich darin sein, immer wieder denen Gegenstände anzubieten, die sie schon einmal abgelehnt haben und Fehler machen. Und dies, indem er/sie seine/ihre Umgebung mit Sorge belebt, mit seinem bedachten Schweigen, mit seinem sanften Wort, mit der Gegenwart jemandes, der liebt.[71]

Die Pädagogin ist als Unterstützung und Hilfestellung im Raum.

---

69 Ebd. S. 23
70 Stefanie Holubek, Diplomarbeit. / Maria Montessori, Das kreative Kind, Der absorbierende Geist, S. 249 ff. sinngemäß
71 Maria Montessori, Schule des Kindes, Herder

Es ist hier nicht vonnöten, den Kindern mehr als zu assistieren. Da die Kinder ihre eigenen Erfahrungen machen sollen, wäre es schädlich, ihnen zu viel Hilfe zu geben. Bei Regelübertritten, die von den Kindern nicht auf friedliche Art geklärt werden können, sollte die Pädagogin einschreiten. Wenn Kinder ziellos erscheinen, darf sie ihnen auch eine Arbeit anbieten, doch muss sie wissen, wann sie sich zurückziehen sollte.

Das Kind wird nicht in seiner Arbeit unterbrochen, gestört oder korrigiert. Bei Fehlern denkt die Pädagogin über sich und ihre Darbietung nach, denn wenn das Kind etwas bei der ersten Darbietung übersehen hat, liegt dies nicht immer am Kind. Geduldig und nie gereizt demonstriert die Pädagogin dann den nicht verstandenen Schritt ihrer Erklärung und zeigt ihn dann eventuell nochmals.

Die Pädagogin führt genaue Aufzeichnungen über die Entwicklungsprozesse der Kinder und deren Materialwahl, um die vorbereitete Umgebung den Bedürfnissen der Kinder besser anpassen zu können.

„Das ganze bewusste Streben des Kindes geht dahin, sich durch die Loslösung vom Erwachsenen und durch die Selbständigkeit zur freien Persönlichkeit zu entwickeln. Unsere Erziehung trägt diesem Streben Rechnung: und unser Bemühen ist es, dem Kind zu helfen, selbständig zu werden."[72]

---

[72]   Maria Montessori: Kinder sind anders, 273 ff.

Christine Holubek · Montessori-Pädagogik

Meine Erfahrungen[73]

Ich versuche immer, offen für die Wünsche und Bedürfnisse der Kinder zu sein. Ich biete auch gerne Materialien an, selbst wenn diese bereits am Vortag angeboten wurden oder das Kind Fehler bei dessen Anwendung macht. Ich versuche so wenig wie möglich im Weg zu stehen und mit Aufmerksamkeit bei den Kindern zu sein. Ich bemühe mich, mich auf die Kinder so einzustellen, dass ich für jedes von ihnen das für es richtige Material finde.

„Nicht wir sind es, die geben können, wir können nur pflegen, wir können von der frühesten Kindheit an helfen, indem wir immer diese Seele achten, die uns nicht gehört, und wir können dabei helfen, dass sie sich in Kontakt setzt mit der Quelle, die Liebe gibt, und versuchen kein Hindernis zu sein und behutsam und mit Demut vorzugehen, dort zu dienen, wo wir nicht erschaffen können!"[74]

Die äußere Ordnung und die Vorbereitete Umgebung

Um Frieden ausüben zu können, braucht das Kind Unterstützung von außen. Besonders wichtig ist hier die Ordnung, die es dem Kind ermöglicht, sich selbst und andere besser zu verstehen. Die häufigsten Auslöser für einen Konflikt sind Missverständnisse, die durch Ordnung im sozialen wie räumlichen Umfeld behoben werden können.

Durch die vorbereitete Umgebung sind die Kinder nicht abgelenkt und können so auch die sozialen Aspekte der Montessori-Pädagogik voll und ganz genießen. Wichtig ist, dass die Ordnungen, sowohl die räumliche Ordnung als auch die soziale, für alle Menschen im

---

[73]   Stefanie Holubek, Diplomarbeit.
[74]   Maria Montessori: Gott und das Kind. 2. Auflage, Freiburg: Herder, 1991, S. 95.

Kinderhaus in gleicher Weise gelten. Die Pädagoginnen sollten versuchen, die Umgebung so ideal wie möglich für die Kinder zu gestalten und sie nur verändern, wenn es den Bedürfnissen der Kinder entspricht.

Um als Kind im Kinderhaus das Gefühl für Ordnung aufzubauen, braucht es eine gut strukturierte vorbereitete Umgebung. Die Arbeitsräume der Kinder müssen deren Bedürfnissen angepasst sein, doch es muss klar sein, das dies Arbeitsräume sind, in denen herkömmliches Spielzeug keinen Platz hat. Wenn die vorbereitete Umgebung nicht passt, merkt die Pädagogin dies schnell am Verhalten der Kinder. Sie werden ein vollkommen anderes Verhalten aufzeigen, wenn sie in ihrer Ordnung gestört sind, als wenn sie in ihrer klaren und sicheren Umgebung verweilen.[75]

Nun ist es jedoch sehr schwierig, eine solch zarte Fähigkeit richtig zu beurteilen, wenn das Kind in einer geschlossenen Umwelt von der Art einer Stadtwohnung lebt, also in einer Umwelt voller großer und kleiner Gegenstände, die der Erwachsene aus Gründen, die dem Kind völlig unbegreiflich bleiben, dauernd verschiebt und verstellt. Gerade wenn sich im Kind ein starker Ordnungssinn entwickelt, stößt es in einer solchen Umgebung auf eine Fülle an Hindernissen und das ruft in der kindlichen Seele einen abnormalen Zustand hervor.

Es ist für manche Kinderhäuser schwer, die Kinder an die Ordnung, die diese dort vorfinden, heranzuführen, wenn sie von ihrem Zuhause etwas anderes gewöhnt sind. Wenn die Umgebung gut auf die Kinder abgestimmt ist, lösen sie sich schneller von den Eltern und sind von Anfang an offener für Regeln und Bräuche im Kinderhaus.

Die vorbereitete Umgebung stellt den Kindern die Entwicklungsmaterialien zur Verfügung. Die Umgebung ist hier nicht starr, sondern

---

[75]   Maria Montessori: Kinder sind anders.

passt sich den Bedürfnissen der Kinder an: „Die Grundlage ist also nicht das Nachdenken darüber, wie man das Kind lehren oder erzieherisch beeinflussen kann, sondern wie man ihm eine Umgebung schaffen kann, die seiner Entwicklung förderlich ist, um es dann sich in dieser Umgebung frei entwickeln zu lassen.

Die Bedeutung der Umgebung für die Erziehung ist lange bekannt. Wir schaffen uns selbst auch immer eine Umgebung, die zu uns passt und die unserer Entfaltung beiträgt. Diese Umgebung formt uns ständig, wir passen uns ihr an, bilden uns um. Die Umgebung des Kindes ist ein wenig anders, da sie den Bedürfnissen des Kindes entsprechend geschaffen ist, sie soll es nicht beeinflussen, sondern sie soll mit seinen Bedürfnissen vollkommen im Einklang stehen."[76]

Ordnung in der vorbereiteten Umgebung

„Der erste Schritt ist, die Klassen in richtige kleine Kinderhäuser umzuwandeln und sie mit solchen Dingen auszustatten, die der Statur und den Kräften der hier beherbergten Wesen entsprechen: kleine Stühle, kleine Tische, verkleinerte Toilettengegenstände, kleine Teppiche, kleine Anrichtschränkchen, Tischtücher und Geschirr."[77]

Die vorbereitete Umgebung ist immer von den Pädagogen ordentlich zu halten und zu pflegen. Es liegt an der Aufmerksamkeit der Pädagogin, wenn Unordnung aufkommt. Die Ordnung ist wichtig für die „innere Ordnung" der Kinder. Besonders für die Kinder, die in der sensiblen Phase der Ordnung stecken, ist es nötig, ihnen eine entsprechende Umgebung zur Verfügung zu stellen.

Kaputtes Material wird sofort ausgetauscht. Wenn ein Kind damit

---

[76] Maria Montessori: Grundlagen meiner Pädagogik. 9. Aufl. Wiesbaden: Quelle und Meyer, 2005, S. 51.
[77] Ebd., S. 45.

arbeiten würde, könnte es nicht die beabsichtigten Erfahrungen mit dem Material machen.

Die Kinder können einen Teil der Pflege der Umgebung übernehmen, vorausgesetzt, sie sind in der Verfassung, dies zu tun. Sie können, wie durch die Übungen des täglichen Lebens geübt, die Blumen gießen und zurechtstutzen, Staub wischen oder Geschirr abtrocknen.

Die Arbeitsräume

Die Räume, in denen sich die vorbereitete Umgebung befindet, sollten ebenfalls den Kindern angepasst sein. Je jünger und kleiner die Kinder sind, umso lieber haben sie kleinere Räume. Sie fühlen sich in größeren Räumen oft unsicher und wirken darin leicht verschreckt.

Die Regale in Montessori-Kinderhäusern sind offen und der Größe der Kinder angepasst. Die Kinder müssen selbstständig an die Materialien herankommen und ohne Hilfe ihr Ziel erreichen können. Meist sind die Regale schlicht gehalten, da sie nicht von den Materialien ablenken sollen.

„Das Kind, das keine Hindernisse auf seinen Weg findet, entwickelt sich frei und offenbart sich in seiner Eigenart, in seinem Lebensrhythmus. Es ist eine psychologische Umgebung, die dem Lebensrhythmus des kindlichen Seelenlebens Raum gibt zu seiner Ausbildung."[78]

Nach Abschluss der Arbeit wird das Material von den Kindern an seinen Platz zurückgestellt. Eine Ausnahme bilden junge Kinder, die ihre Arbeit noch nicht selbsttätig abschließen können.

Die Entwicklungsmaterialien müssen auf den Entwicklungsstand und die sensiblen Phasen der Kinder abgestimmt sein. Da die Pädagogin

---

[78] Ebd., S. 52.

eine genaue Beobachtungsliste für sich und das Kinderhausteam führt, kann sie mithilfe von Statistik oder täglichen mehrfachen Beobachtungen das Materialangebot der Umgebung schnell den Bedürfnissen der Kinder anpassen. Die Pädagogin ordnet das Material nach dessen didaktischer Reihung und gibt so den Kindern Überblick über das Folgematerial. Die Kinder müssen nicht lange suchen und Ablenkungen, die durch längeres Suchen entstehen könnten, werden vermieden.

In jedem Kinderhaus sollte auch ein Ort für den Rückzug bereitgestellt werden. Eine Lese- oder Kuschelecke schafft für die Kinder einen Ort, an dem sie sich entweder aus dem Geschehen zurückziehen oder sich von ihrer Arbeit erholen können.

Der Platz[79]

Jedes Material hat seinen feststehenden Platz. Die Kinder müssen sich merken, woher sie das Material haben, was auch ihr räumliches Denken fördert. Die Hilfestellung durch Fotos oder Schrift ist hier eher hinderlich.

Das Angebot steht im Raum zur Verfügung, sodass Kinder es während der Freiarbeit selbstständig auswählen und verwenden können. Die Regale stehen so im Raum, dass Kinder, die am Boden arbeiten, nicht gestört werden, wenn andere Gruppenmitglieder an ihnen vorbeigehen oder Material zurückbringen.

Der Arbeitsplatz des Kindes ist durch den Teppich am Tisch oder Boden oder durch Schreibunterlagen gekennzeichnet. Die Kinder werden durch die Pädagogin darüber informiert, dass in dieser Um-

---

[79] Stefanie Holubek, Diplomarbeit.

gebung weder auf diesen Bereich des arbeitenden Kindes zugegriffen noch dass er betreten wird.

Es sollten mehrere Tische im Gruppenraum stehen, nicht nur ein großer. Es ist sehr wichtig, dass die Kinder viel Platz für sich und ihre Arbeit haben. Es wäre hinderlich für ihre Arbeitsqualität, wenn sie in ihrem Arbeitsplatz eingeschränkt wären oder sich den Platz mit anderen teilen müssten.

Meine Erfahrungen[80]

Ich sorge in der vorbereiteten Umgebung für Ordnung, indem ich in der Früh, bevor die Kinder im Kinderhaus ankommen, durch die Räume gehe und alles nachkontrolliere. Die älteren Kinder helfen mir immer gerne, wenn die Freiarbeit zu Ende ist, die Regale zu ordnen, und putzen auch gerne die Regale mit mir. Wenn ein Platzproblem auftritt, versuche ich den Kindern immer so viel Raum wie möglich zu geben, um sie in ihrer Entwicklung nicht einzuschränken. Für mich heißt viel Platz auch eine bessere Stimmung in der Gruppe, da die Kinder nicht so sehr aneinanderstoßen oder sich nicht gegenseitig aus der Arbeit herausreißen.

Frieden beginnt für mich damit, jedem seinen Freiraum zuzugestehen und niemanden körperlich oder geistig einzuengen. Dies versuche ich auch den Kindern in meiner Obhut zu ermöglichen, damit sie ihr Gefühl für Nähe und Raum ohne Druck und Einschränkung aufbauen können.

---

[80]   Ebd.

Soziale Umgebung

„Die einzige Gelegenheit zu sozialem Leben haben die Kinder in öffentlichen Schulen nur in den Pausen oder bei den seltenen Ausflügen; während die Kinder unserer Schule immer in einer Arbeitsgemeinschaft leben."[81]

Eine angenehme und entspannte Atmosphäre ist ausschlaggebend für das konzentrierte Arbeiten der Kinder. Wenn die Kinder in ihren Arbeitsrhythmus fallen, sind sie ruhig und stecken damit meist auch Kinder an, die noch unruhig sind. Die Pädagogin sollte sich immer in Geduld üben und mit ruhiger Stimme arbeiten, so verbessert sie die Atmosphäre.

„Die Demut und Geduld der Erzieherin, die Bewertung des Tuns mehr als bloße Worte, die Sinnesumgebung zum Beginn seelischen Lebens, das Schweigen und die Sammlung, die von den Kindern erreicht werden, die Reinheit, die der kindlichen Seele gegeben wird, sich zu vervollkommnen, die Sorgfalt, alles, was nicht gut ist, zu vermeiden oder zu verbessern, sogar einfachen Irrtum und geringe Unvollkommenheit, die Fehlerkontrolle, die mit meinem Entwicklungsmaterial verbunden ist, und die liebevolle Achtung vor dem inneren Leben des Kindes, all diese pädagogischen Grundsätze schienen diesen Priestern unmittelbar vom Katholizismus inspiriert zu sein."[82]

Durch das liebevolle Miteinander, das die Pädagoginnen vorleben, ist es für manche Kinder besonders in der für Ordnung sensiblen Phase sehr wichtig, deren Verhalten nachzuahmen oder zu kopieren. Es ist wichtig für die Kinder, eine klare Ordnung vor sich zu haben, die für sie nachvollziehbar ist.

---

[81] Maria Montessori: Gott und das Kind, S. 40, Herder 1995
[82] Ebd.S. 40.

Bei der Freiarbeit ist es wichtig, aufeinander zu achten, was für manche Kinder, die erst seit Kurzem im Kinderhaus sind, noch schwierig ist. Es ist schwer, an einem fremden Ort sofort die dort herrschenden Grenzen zu erkennen und sich nach ihnen zu richten. Die Kinder, die vielleicht anfangs noch Probleme mit dem Zur-Ruhe-Kommen haben, werden von der Pädagogin aufgefangen, aber nicht am Kennenlernen der Grenzen gehindert.

„Ein anderer interessanter Zug im Verhalten der Kinder ergibt sich gegenüber Störenfrieden. Nehmen wir zum Beispiel ein Kind an, das erst vor kurzem in die Schule aufgenommen wurde und sich noch nicht an die Umgebung gewöhnt hat: es ist unruhig, stört und stellt für alle ein Problem dar. Im Allgemeinen wird es der Lehrer zurechtweisen: ‚Das gehört sich nicht, das ist nicht nett‘, oder: ‚Du bist ein böses Kind.‘ Die Reaktion seiner Schulkameraden jedoch ist grundverschieden. Einer von ihnen geht zu dem Neuankömmling hin und erklärt ihm: ‚Du bist ungezogen, aber das macht nichts, als wir hier neu waren, sind wir auch nicht besser gewesen.‘ Indem er Verständnis für ihn hatte und seine Bosheit als Unglück ansah, wollte der kleine Kamerad den anderen trösten und all das Gute hervorholen, das möglicherweise in ihm steckte. Was für eine gesellschaftliche Umwälzung wäre es, wenn der Übeltäter Mitleid erwecken und wir uns bemühen würden, ihn zu trösten, mit dem gleichen Mitleid etwa, das wir für einen Kranken empfinden."[83]

---

83   Montessori Maria: Das kreative Kind, S. 206.

Regeln[84]

Die Regeln im Kinderhaus beziehen sich auf das soziale Zusammenleben der Kinder und Pädagogen (z.B. Rücksicht auf andere Kinder und auf das Material; das Material in Ordnung halten; Hilfestellung für andere Kinder lernen; Zurücknehmen lernen, was wiederum Ruhe in die Gruppe bringt). Regeln sind hier keine Bestrafung, sondern ein Leitfaden, der den Kindern Sicherheit gibt. Die Kinder folgen erklärten und sinnvollen Regeln gerne.

Die Kinder achten sehr aufeinander und auf die Bedürfnisse in ihrer Umgebung. Sie nehmen viel bewusster wahr, wenn jemand sich nicht wohl fühlt, oder verletzt ist. Viele Erwachsene neigen dazu, die Kinder zu den genau falschen Momenten in ihrer Arbeit zu unterbrechen. Sie greifen dazwischen oder reden ihnen mit guten Ratschlägen hinein. In manchen anderen Situationen, wenn das Kind Hilfe bräuchte, sind sie jedoch nicht für es da und stehen ihm nicht zur Seite.

„Als die anderen das bemerkten, kamen viele zurück, um ihm zu helfen. Die Erwachsenen besitzen nicht dieses feine Unterscheidungsvermögen für Notsituationen. Sie helfen häufig, wenn es nicht notwendig ist … Wenn man Hilfe braucht, findet man niemanden; aber wenn man keine Unterstützung braucht, sind alle zur Stelle. Auf diesem Gebiet kann der Erwachsene den Kindern nichts beibringen. Ich glaube, dass das Kind wahrscheinlich in seinem Unterbewusstsein die Erinnerung seines vorrangigsten Wunsches und Bedürfnisses besitzt, seine Kräfte bis zum äußersten anzuspannen. Deswegen wird es instinktiv nie einem anderen helfen, wenn die Hilfe ein Hindernis sein könnte."[85]

---

84 Stefanie Holubek, Diplomarbeit.
85 Maria Montessori: Das kreative Kind, S. 206.

Meine Erfahrung[86]

Ich habe schon oft beobachtet, wie liebevoll Kinder einander unterstützen. Kinder behandeln sich in der vorbereiteten Umgebung nicht schlecht. Wenn sie normalisiert sind, werden sie friedlich miteinander arbeiten und sich gegenseitig nicht stören. Sollte ein Kind die Regeln brechen, wird es meist von den anderen Kindern darauf hingewiesen, und das rein verbal, ohne körperliche Attacken. Ich habe oft beobachten können, dass Kinder sehr strikt im Einhalten von erlernten Regeln sind. Sie werden sie nicht brechen, um einen Erwachsenen in ihrer Umgebung zu schaden oder selbst einen Vorteil daraus zu ziehen.

„Die Schwierigkeiten der Anpassung sind nicht leicht zu überwinden. Diese Kinder stellen sich auf alles leicht ein, in der Arbeit und im Kontakt mit den anderen. Sie haben ein soziales Gefühl wie eine Gabe. Kinder stellen sich im Allgemeinen nicht so leicht auf Kontakt miteinander ein. Dies ist also hier ein neues Phänomen. Es ist vielleicht eine natürliche Gabe, welche leicht Kommunikation zwischen Individuen hervorbringt, Sympathie, Zusammenarbeit usw."[87]

Abläufe – die zeitliche Struktur[88]

Wir können den Kindern das friedliche Miteinander noch leichter machen, wenn wir ihnen auch in der Zeit eine Ordnung zur Verfügung stellen. Manche Kinder bringt es zusätzlich durcheinander, wenn sie glauben, zu spät zu kommen, oder durch plötzliches Erscheinen der Eltern irritiert sind. Wenn im Kinderhaus eine klare, für alle ersichtliche und durchschaubare zeitliche Struktur herrscht, wird diese Ordnung auch eingehalten. Allerdings darf diese Art der

---

[86] Stefanie Holubek, Diplomarbeit.
[87] Maria Montessori: Die Macht der Schwachen. 2. Aufl. Freiburg: Herder, 1992, S. 112.
[88] Stefanie Holubek, Diplomarbeit.

Ordnung die Kinder nicht drängen oder ihnen keinen Freiraum mehr lassen. Sie muss unterstützen und für jeden Mensch, der im Kinderhaus arbeitet, gute Rahmenbedingungen schaffen.

Meine Erfahrungen[89]

Ich beobachte immer wieder, dass Kinder sich sehr schnell an zeitliche Strukturen gewöhnen und ein sehr präzises Zeitgefühl entwickeln. Sie wissen zum Beispiel, ohne auf die Uhr zu sehen oder diese lesen zu können, wann es das Mittagessen geben wird.

Werden sie jedoch in ihrer Ordnung gestört, sind sie unruhig und nervös. Oft fallen sie in dieses Verhalten, wenn sie glauben, zu etwas zu spät zu kommen oder mit einer Arbeit nicht mehr fertig zu werden. Hier sollte die Pädagogin die Situation aufgreifen und das Kind beruhigen. Auch andere Kinder neigen dazu, solche in Panik verfallene Kinder zu trösten oder zu beruhigen, doch sollte die Pädagogin darauf achten, dass sich die Helfenden nicht selbst hineinsteigern und das Leid der anderen übernehmen.

Konflikte

Normalisierte Kinder werden einander kaum angreifen und attackieren. Sie sind zu sehr in sich und ihrer Arbeit vertieft, um solch wilde Aggressionen zu zeigen. Doch wenn es wirklich zu einer handgreiflichen Auseinandersetzung kommt, ist die Pädagogin dazu angehalten einzugreifen, bevor ein Kind oder beide Schaden davontragen. Schaffen es jedoch die Kinder von sich aus, wieder auf einen gemeinsamen Weg zu gelangen, sollte sich der Erwachsene zurückziehen und die Lösung der Kinder respektieren, solange diese für beide passt. Jedoch darf der Erwachsene nicht die Gefühle vergessen, die die Kinder dazu

---

[89]   Stefanie Holubek, Diplomarbeit.

bewegen, sich auf diese Art zu äußern. Wenn ein Kind zu Gewalt greift, ist schon einiges passiert, das dem Kind geschadet hat.

Der Erwachsene wird das Kind nicht beschimpfen oder maßregeln, sondern auf seine Bedürfnisse eingehen. Er wird erkennen, was es verwirrt oder verletzt hat, und wird mit ihm gemeinsam eine Lösung suchen. Doch er wird es nicht beschuldigen oder ihm mit Gewalt drohen.

Vielleicht wird er sich selbst für einen Moment beobachten und feststellen, dass das Kind etwas von ihm übernommen hat, vielleicht sein Verhalten, seine Körperhaltung, seine Worte. Hier ist es wichtig, dass der Erwachsene an sich arbeitet und sich vor allem dessen bewusst wird, dass er in jeder Beziehung ein Vorbild ist.

„Aber um das Ziel zu erreichen, muss das Werk universal sein und eine Reform der Gesellschaft bilden. Dann wird es ein ‚sozialer Fortschritt‘ sein, wo es keine Wohltäter noch Wohltätigkeitsempfänger, sondern nur eine Menschheit gibt, die ihr Wohlergehen auf einen höheren Stand gebracht hat. Das Prinzip: alle Menschen sind Brüder; liebet einander; helft euch; und die rechte Hand wisse nicht was die linke tut, ist dann praktisch verwirklicht."[90]

Nur in den seltensten Fällen werden die normalisierten Kinder gewalttätig. Die meisten Konflikte spielen sich bei den 4 bis 6 Jahre alten Kindern im verbalen Bereich ab. Sie beginnen zu diskutieren, was selten auch zu lauteren Streits ausufert. Manchmal bemühen sie sich selbst darum, eine Lösung zu finden, doch manchmal kommen sie mit ihrer Streitfrage zu einer Pädagogin, die dann als Moderatorin der Diskussion tätig wird. Die Kinder wollen manchmal auch keine Unterstützung von außen, sei es nun von einem anderen Kind oder von der Pädagogin, die, auch wenn es nur gut gemeint ist, eingreifen wollen.

---

[90]   Stefanie Holubek, Diplomarbeit.

Manche Kinder reagieren vollkommen anders, wenn ein Erwachsener in sichtbarer Nähe ist, weshalb die Pädagogin immer vorsichtig abschätzen sollte, ob sie sich wirklich den Kinder nähern sollte oder lieber nicht. Es ist für die Kinder sehr wichtig, in ihrer Ordnung nicht gestört zu werden und mit jemanden reden zu dürfen, ohne dass sie unterbrochen werden oder ihnen eine fremde Lösung des Konflikts aufgedrückt wird.

Verläuft der Konflikt für beide Parteien (oder mehrere) fair, können die Kinder ihn natürlich alleine lösen. Sollte jedoch ein Kind in Bedrängnis geraten, hat die Pädagogin die Pflicht, einzugreifen und es zu schützen.

Es kommt auch vor, dass sich andere Kinder einmischen, die zu helfen versuchen. Sie wollen oft nur den Frieden der Gruppe wahren. Meist sind diese Kinder sehr feinfühlig und schon länger im Kinderhaus. Die Pädagogin muss auch hier darauf achten, dass keines der Kinder eine Rolle übernimmt, die ihm nicht zusteht.

Kinder, die bereits normalisiert sind, haben ein völlig anderes Konfliktverhalten als Kinder, die neu in der Gruppe sind. Deshalb ist es die Aufgabe der Pädagogin, immer genaue Aufzeichnungen über die Entwicklung der Kinder in Erinnerung oder bei sich zu haben. Da Kinder, die noch nicht lange im Kinderhaus sind, meist eine andere Art haben, mit Problemen oder Aufgaben fertig zu werden, muss die Pädagogin immer ein Auge auf diese Kinder haben, um im Notfall rechtzeitig eingreifen zu können.

Kinder werden nicht aggressiv, wenn sie durch die Umgebung um sie herum nicht mit Reizen überflutet werden. Die Struktur in den Arbeitsräumen sollte von den Pädagoginnen so ausgesucht werden, das sie einen friedlichen Umgang miteinander ermöglicht und fördert. Die Räume müssen eine gewisse Weite haben (bei sehr jungen Kinder nicht zu groß, da sie sonst leicht nervös werden und sich sichtlich unwohl fühlen), sodass die Kinder einander im Notfall ausweichen können und genug Platz für ihre Arbeit am gewünschten Ort haben.

Es ist auch sehr wichtig, einen Platz für Ruhe zur Verfügung zu stellen, an den die Kinder sich zurückziehen können. Viele Kinder nutzen diese Gelegenheit, um Abstand zu nehmen, was nicht bedeutet, dass sie sich nicht für das Geschehen in der Gruppe interessieren. Sie werden entspannt zu den anderen Kindern zurückgehen, wenn es für sie passt, aber sie sollten nicht dazu gedrängt werden aufzustehen oder sich „endlich" eine Arbeit zu suchen. Auch die anderen Kinder werden das Kind, das sich zurückzieht, in Ruhe lassen, da sie selbst wissen, dass auch sie manchmal nicht zu den anderen gehen wollen.

Auch sollte es genug Tische und Platz auf dem Boden geben, damit die Kinder sich nicht gegenseitig stören und einander im Weg sind. Die Tische sollten für ein Kind eingerichtet sein und nicht für viele, da der Arbeitslärm der anderen manche Kinder irritiert und stört. Wenn die Kinder sich nicht eingeengt oder bedrängt fühlen, wird es wesentlich ruhiger und harmonischer in der Arbeitsgruppe zugehen.

Wenn die Gruppe der Kinder groß genug ist, lernen die jüngeren Kinder das soziale Verhalten der älteren Kinder. Es ist immer wieder schön zu sehen, wie die „Großen" den neuen, zumeist kleineren Kindern die Regeln des Kinderhauses beibringen und freundlich erklären. Da die Kinderhauskinder meist sehr höflich sind, da sie die Übungen des sozialen Lebens täglich vorgelebt und auch verinnerlicht haben, werden hierbei keine Konflikte auftreten. Die neuen oder jüngeren Kinder versuchen in fast jeder Situation, die älteren nachzuahmen, was sich auch positiv auf deren Konfliktkultur auswirkt. Die Kinder nehmen diese sozialen Fähigkeiten viel besser auf, wenn sie sie von anderen Kindern lernen.

Meine Erfahrungen[91]

In der Zeit, in der ich bereits Kinder beobachten durfte, habe ich oft bemerkt, dass die Kinder aus Montessori-Kinderhäusern einen viel herzlicheren und freundlicheren Umgang miteinander pflegen. Sie werden nur sehr selten ungehalten und das auch nur, wenn sie sich eingeengt fühlen.

Aber oft führen Missverständnisse zu Konflikten, wie klein sie auch erscheinen mögen. Diese Missverständnisse kann man beheben, indem man die Regeln des Kinderhauses besser formuliert oder vereinfacht. Jedoch nicht, indem man sie abschwächt oder fallen lässt. Wenn jedes Kind weiß, was in dieser Gruppe erlaubt ist, ist bereits viel Grundstoff für einen Konflikt beseitigt.

Auch sich beim Klären der Konflikte zurückzuhalten, ist für manche Pädagogin schwer, doch ich finde nichts wichtiger als das Kind, das mit seinen Bedürfnissen und seiner Entwicklung im Vordergrund steht. Deswegen greife ich nur ein, wenn es gewünscht ist oder ein Kind zu Schaden kommen könnte.

Sicherheit/Rückhalt

Im Kinderhaus fühlen sich die Kinder wohl und sie vertrauen den Erwachsenen um sich. Sie werden nicht absichtlich die Regeln brechen oder anderen Kindern vorsätzlich wehtun. Doch sie müssen immer darauf vertrauen können, dass sie, egal was sie getan haben, immer und in jeder Situation zu einer Pädagogin gehen und mit ihr gemeinsam eine Lösung finden können. Sie dürfen nie das Gefühl haben, ausgeliefert zu sein oder sich von einem Erwachsenen im Kinderhaus bedroht fühlen.

Im Kinderhaus können sie sich zurückziehen, wenn ihnen eine Situation zu viel wird. Sie müssen sich Situationen nicht intensiver

---

[91] Stefanie Holubek, Diplomarbeit.

aussetzen, als sie es aushalten. Doch sie müssen ihren Teil der Verantwortung tragen (natürlich auf das Alter und die Reife des Kindes abgestimmt). Sie werden lernen, damit umzugehen, doch in ihrem Tempo und ohne Druck.

Die Pädagogin wird das Kind unterstützen und es nicht drängen oder es wegen irgendetwas beschuldigen. Das Kind muss sich immer darauf verlassen können, mit jedem Problem zu ihr kommen zu können. Die Pädagogin wird die Kinder auch immer in soziale Übungen einbinden, die den Kindern verdeutlichen, wie Abläufe im Alltag funktionieren. Wenn das Kind durch das Material an Reife wächst, wird es immer mehr Selbstvertrauen und Selbstwertgefühl aufbauen.

Sicherheit erlangen die Kinder auch durch gleiche Abläufe. Wenn die Eltern zum Beispiel beim Verabschieden ein Ritual pflegen, wird das Kind mit mehr Sicherheit und Gelassenheit auf Ereignisse reagieren, die es sonst aus der Bahn werfen würden. Das Kind muss sich sicher sein, dass alles seine Ordnung hat und es allen mit ihren Entscheidungen und Taten gut geht.

Meine Erfahrungen[92]

Ich denke, dass es Kindern viel leichter fällt, ihre Entwicklung weiter auszubauen, wenn sie sich darauf verlassen können, dass die Erwachsenen in ihrer Umgebung nichts tun, was sie erschreckt oder überfordert. Ich habe oft beobachtet, dass viele Kinder überfordert sind, wenn Termine nicht eingehalten werden oder Aktivitäten verschoben werden. Ich versuche deshalb immer, die zeitliche und materielle Ordnung im Kinderhaus – wenn überhaupt – nur gering zu verändern.

---

92   Ebd.

Entwicklungsmaterial

Kennzeichen der Materialien

Das Merkmal der Ästhetik:	Die Materialien sind durch Schönheit und Symmetrie gekennzeichnet. Durch Pflege der Kinder und Pädagogen bleiben diese Eigenschaften erhalten.
Isolation der Eigenschaft:	Z.B. die Größe, Farbe, Höhe. Alle anderen Merkmale sind identisch.
Isolation des Sinnes:	Konzentration auf einen bestimmten Sinn.
Isolation der Schwierigkeit:	Das Entwicklungsmaterial kann hinsichtlich des Schwierigkeitsgrads genau dem Entwicklungsstand und den Fähigkeiten des Kindes angepasst werden. Die Handhabung des Materials sollte immer eine Herausforderung, jedoch keine Überforderung darstellen.

Stufen des Tuns[93]

1. Stufe:	Handlungsorientiert	Ohne Interesse am Ergebnis: Es arbeitet um der Arbeit willen, es hat Freude am Tun, Freude an der Bewegung, Freude am Gegenstand.
2. Stufe:		Das Kind legt Wert auf die Genauigkeit und Vollständigkeit der Handlung.
3. Stufe:	Ergebnisorientiert	Das Ergebnis der Arbeit ist wichtig. Das Kind achtet auf Ordnung und Pflege (diese Ordnung entspricht nicht immer der der Erwachsenen). Anwendung der Fähigkeiten im praktischen Leben.
4. Stufe:		Einsatz der Fähigkeiten für sich und die Gemeinschaft.

„Die Entwicklung der Fähigkeiten der Hand ist beim Menschen mit der Entwicklung der Intelligenz verbunden."[94]

---

[93] Stefanie Holubek, Diplomarbeit.
[94] Maria Montessori: Das kreative Kind, S. 135.

Lektionen/Darbietungen[95]

Lektionen und Darbietungen erfolgen dann, wenn Kinder bereits Erfahrungen mit dem Material gemacht haben oder besonderes Interesse daran zeigen. Präzision und langsames Vormachen sind die Grundlagen jeder Darbietung.

Genaue und deutliche Bewegungen sind ausschlaggebend. Dabei wird so wenig wie möglich gesprochen. Die Leiterin zeigt in der Regel den vollständigen Ablauf einer Materialübung, sodass das Kind den geschlossenen Ablauf der Handlung erfährt. Hat das Kind die Lektion verstanden, übernimmt es die Tätigkeit und die Leiterin beobachtet es aus einer gewissen Entfernung.

Introvertierte Kinder werden bei ihrer Tätigkeit von der Leiterin angeregt und ermutigt, aber nicht dazu gezwungen, die Materialübungen zu wiederholen. Gute Darbietungen im richtigen Augenblick eröffnen dem Kind neue Erkenntnisse und Fertigkeiten.

Es gibt natürlich auch Gruppendarbietungen, wenn mehrere Kinder an einem Material interessiert sind. Wenn sich jedoch ein Kind das Material ausgesucht hat und andere Kinder zusehen möchten, sind sie Zuschauer und werden von der Pädagogin (freundlich, aber bestimmt) darauf hingewiesen, sich entsprechend zu verhalten.

Meine Erfahrungen[96]

Ich konzentriere mich bei Darbietungen auf meine Hände und das Material, doch ich behalte das Kind immer im Augenwinkel und beobachte seine Reaktionen. Sollte es dazwischengreifen, bleibe ich freundlich, doch ich weise es darauf hin, dass ich augenblicklich mit dem

---

95   Stefanie Holubek, Diplomarbeit.
96   Ebd.

Material arbeite und es das Material gerne haben kann, wenn ich fertig bin.
Das Material übergebe ich nie im „halb fertigen" Zustand. Wenn ich es zwischendurch übergebe, dann bringe ich es wieder in den Ausgangszustand zurück.

Dreistufenlektion[97]

1. Stufe: Benennen durch den Erwachsenen („Das ist ...").

2. Stufe: Wiedererkennen:
             Der Begriff wird von der PädagogIn genannt,
             das Kind erkennt den dazu passenden Gegenstand
             („Zeig mir den ...", „Gib mir das ...").

3. Stufe: Aktive Beherrschung des Begriffs:
             Das Kind kann den Gegenstand benennen
             („Was ist das?", „Weißt du noch was das ist?").

Meine Erfahrungen[98]

Wenn das Kind das Material erforscht hat, gebe ich ihm auch Worte hinzu. Ich nehme mir für diese Lektionen Sinnesmaterial, da es mir bei ihnen am sinnvollsten erscheint. Zuerst erkläre ich den Begriff und warte die Reaktion ab. Manche Kinder zeigen gar keine Regung und benennen einige Tage später das Material, andere hören sich die Begriffe an und versuchen sie nachzusprechen. An einem anderen Tag frage ich nach den Gegenständen, doch ich verpacke meine Frage so, dass das Kind nicht unter Druck gebracht wird. Sollte ich mich geirrt haben und das Kind weiß es nicht, wiederhole ich die erste Stufe. Auch bei der dritten Stufe ziehe ich mich sofort zurück, wenn das Kind noch nicht so weit ist.

---

97   Maria Montessori: Die Entdeckung des Kindes, S. 278.
98   Stefanie Holubek, Diplomarbeit.

Die weiteren Formen der Dreistufenlektion sind die Steigerungsformen und das Vergleichen. Bei der Steigerungsform nehme ich mir ein Material, wie zum Beispiel die roten Stangen, das markante Unterschiede in der benannten Eigenschaft aufweist. Dort beginne ich die Lektion genauso wie das Benennen von Gegenständen.

Steigerungsform

1. Stufe: „Das ist groß, das ist größer, das ist am größten."
2. Stufe: „Zeig mir das größte …, gib mir das größte …"
3. Stufe: „Weißt du noch, was das ist?"

Die Vergleichsform ist genauso aufgebaut:

1. Stufe: „Das … ist größer als das …?"
2. Stufe: „Welches ist größer als …?"
3. Stufe: „Weißt du noch, welches größer ist als …?"

Selbstkontrolle

Das Montessori-Material enthält die Möglichkeit der Selbstkontrolle. Das Kind kann selbst seine Fehler erkennen und korrigieren. Damit wird die Unabhängigkeit vom Erwachsenen gefördert.

Meine Erfahrungen[99]

Im Kinderhaus macht die Fehlerkontrolle, beispielsweise beim Sinnesmaterial, keinen Sinn. Die bunten Punkte auf den Druckzylindern würden nur vom eigentlichen Ziel ablenken und das Material verliert die Isolation der Eigenschaften. Beim Mathematik-Material finde ich die Fehlerkontrolle für die Kinder hilfreich und für die Selbstständigkeit wichtig.

---

99   Stefanie Holubek, Diplomarbeit.

Einteilung der Entwicklungsmaterialien[100]

- Materialien zu den Übungen des täglichen (praktischen) Lebens
- Materialien zur Sinnesschulung
- Didaktische Materialien zu Sprache, Schrift und Mathematik
- Kosmische Erziehung
- Musik

Übungen des täglichen (praktischen) Lebens[101]

In den ersten Lebensjahren haben Kinder einen großen natürlichen Bewegungsdrang. Sie wollen ihren Körper im Raum bewegen, mit den Dingen ihrer Umgebung vertraut werden und sinnvolle Tätigkeiten ausführen. Diese stehen meist in der sensiblen Phase für Bewegung. Der natürliche Bewegungsdrang dient der Koordination der Bewegung. Zuerst sind die Bewegungen unkoordiniert. Die Übungen des täglichen Lebens helfen dem Kind, seine Bewegungen zu ordnen.

Für die Bewegungserziehung ist eine vorbereitete Umgebung wichtig. Die Einrichtungsgegenstände müssen in Größe und Handlichkeit den kindlichen Dimensionen angemessen sein. Mit den Übungen des täglichen Lebens werden die Koordination und die Verfeinerung der Bewegung gefördert. Es sind Übungen wie Wassergießen, Bohnen schöpfen, Sand schütten, Maschen binden, Blumen pflegen, Schuhe putzen usw.

Maria Montessori wählte Übungen des täglichen Lebens, die aus der häuslichen Umgebung des Kindes stammen. Kinder lieben besonders Tätigkeiten, die im täglichen Leben und im Haushalt vorkommen, wie

---

[100] Ebd.
[101] Ebd.

den Umgang mit Wasser, Öffnen und Schließen, Tragen, Schneiden, Abwaschen, Boden wischen, Bügeln usw. Bei diesen Tätigkeiten der Kinder kann man Stufen des Tuns beobachten. Für jüngere Kinder haben diese Tätigkeiten Selbstzweck; sie wischen um des Wischens willen, ohne ein Resultat zu erzielen oder am Ergebnis interessiert zu sein – lediglich aus Freude am Tun, an der Bewegung und am Gegenstand (1. Stufe). Später legen die Kinder Wert auf Genauigkeit und Vollständigkeit der Handlung (2. Stufe). Erst für ältere Kinder wird das Ergebnis des Tuns wichtig. Sie achten auf Ordnung in ihrer Umgebung und deren Pflege. Sie wenden dann die bei den Übungen erworbenen Fähigkeiten im praktischen Leben an (3. Stufe). Die Leiterin führt die Bewegung der Übung bei der Darbietung ganz langsam und mit größter Genauigkeit aus, damit das Kind die Handlung genau sieht.

Die Ziele der Übungen des täglichen Lebens

Die Übungen des täglichen Lebens lenken und befriedigen den Bewegungsdrang des Kindes und koordinieren Geist und Bewegung. Sie fördern die Unabhängigkeit des Kindes vom Erwachsenen, seine Selbstständigkeit, seine Sicherheit und sein Selbstwertgefühl. Sie entwickeln bei ihm ein Verantwortungsbewusstsein für die Umgebung und bilden gleichzeitig eine innere Ordnung.

Die Übungen des täglichen Lebens helfen also beim Aufbau der Person und ermöglichen ein Leben in der Gemeinschaft.

„Es ist so einfach, einem kleinen Kind die Handlungen des täglichen Lebens in langsamen ruhigen Bewegungen vorzumachen, und der Erfolg wird sein, dass es im frühesten Alter allein isst, sich wäscht, sich alleine anzieht und ein glücklicher zufriedener Mensch wird."[102]

---

102 Maria Montessori: Grundlagen meiner Pädagogik, S. 13.

Meine Erfahrungen[103]

Ich habe an einem Morgen den Geschirrspüler ausgeräumt und ein Mädchen, das mir zugesehen hat, ersucht, das Geschirr abzutrocknen. Als die anderen Kinder das bemerkt haben, wollten sie auch mithelfen. Jetzt ist es ein morgendliches Ritual, den Geschirrspüler auszuräumen.

Übungen des sozialen Lebens[104]

Die Übungen helfen dem Kind, eine Einsicht in die Vielfalt der sozialen Umgangsformen zu erlangen und sie im Alltag anzuwenden. Sie werden als Gruppenarbeit in Form von Rollenspielen und Gesprächen über Begebenheiten aus dem Leben bewusst gemacht. Z.B.:

- um etwas bitten,
- sich bedanken,
- Formen des Grüßens,
- Tragen von Gegenständen,
- Weiterreichen von Gegenständen,
- Öffnen und Schließen von Türen.

Es sind Übungen, die in der täglichen häuslichen Umgebung des Kindes vorkommen. Das Kind möchte am familiären Leben tätig teilnehmen. Dies soll ihm durch Hilfestellungen ermöglicht werden, zum Beispiel bei der eigenen Pflege (sich waschen, anziehen etc.), beim Kontakt zu anderen (jemanden begrüßen, einen Stuhl anbieten) und bei der Umweltpflege (ordnen und säubern von Gebrauchsgegenständen, Blumen- und Tierpflege, Gartenarbeit).

---

[103] Stefanie Holubek, Diplomarbeit.
[104] Ebd.

Meine Erfahrungen[105]

Die Kinder lernen auch die Übungen des sozialen Lebens schnell. Im Kinderhaus haben wir einen großen Jausentisch, auf dem sich die Kinder ihre Jause in Form eines kleinen Buffets selbst zusammenstellen und dann auch essen. Am Anfang helfe ich den jüngeren Kindern (wenn es erwünscht ist) beim Holen der Teller, die sie zum Essen benötigen. Ein Mädchen, dem ich auch geholfen habe, bringt mir jetzt immer einen Teller, wenn ich mich an den Tisch setze.

Die anderen Kinder machen voller Begeisterung mit und verteilen in erstaunlicher Ordnung die Teller untereinander.

Sinnesschulung – Sinnesmaterial

Diese Materialart fördert die Entwicklung der Sinne. Das besondere Merkmal dieses Materials ist die Isolierung

- der Sinne (z.B. des Geschmacksinns),
- der Eigenschaften der Dinge (z.B. Größe, Dicke) und
- die Schwierigkeiten im Umgang damit (z.B.: Ordnen, Planen).

Das Sinnesmaterial ist konsequent auf eine Sinneswahrnehmung ausgerichtet, d.h. die Beschäftigung mit diesem Material erfolgt hauptsächlich akustisch, visuell, gustatorisch (Geschmackssinn), olfaktorisch (Geruchssinn) oder durch Ertasten und Fühlen (taktil). Der Tastsinn ist nicht nur für Oberflächen oder Strukturen wichtig, sondern auch verantwortlich für das Empfinden von Schmerz und Wärme.

---

[105] Stefanie Holubek, Diplomarbeit.

Übungen der Stille – Stilleübungen[106]

Die Leiterin bittet die Kinder sich hinzusetzen und sagt etwas wie: „Wir sind jetzt ganz still. Der Mund ist still, die Hände sind still … Wir bewegen uns nicht". Wirkliche Stille kann nicht aufkommen ohne innerliches Stillwerden und die Stilleübungen sind nur sinnvoll, wenn die Kinder diese Übungen freiwillig machen. In der Stille hören die Kinder einzelne Geräusche oder Töne wie das Ticken der Uhr, den Regen, einen Vogel usw.

Ziel der Übungen der Stille ist z.B.:

* das Beherrschen der Bewegung,
* das Erfahren großer Stille,
* das Wahrnehmen leiser Geräusche,
* das Einfügen in die Gemeinschaft.

Diese Übungen dienen aber nicht zur Überwindung von augenblicklicher Unruhe oder Unordnung, im Gegenteil ist es wichtig, diese Übungen dann anzubieten, wenn die Kinder durch andere Tätigkeiten des täglichen Lebens zu einer gewissen Ordnung gekommen sind und freiwillig die Stilleübungen mitmachen.

Bewegung in der Stille: Gehen auf der Linie

Maria Montessori hat beobachtet, dass Kinder mit Freude und großem Interesse auf Balken, Steinkanten oder niedrigen Mauern balancieren und sich dabei konzentrieren.

Im Kinderhaus ist auf dem Boden eine Ellipse aufgemalt; die sogenannte Linie. Die Leiterin zeigt langsam und genau, wie man auf der

---

[106] Ebd.

Linie einen Fuß vor den anderen setzt und diese Linie entlanggeht. Die Kinder gehen ebenfalls langsam und zu leiser Musik auf der Linie entlang. Sie versuchen, genau auf die Linie zu treten. Die Leiterin kann die Übung weiter ausbauen, indem sie den Kindern beim Gehen einen Gegenstand in die Hände gibt, z.B. eine Glocke, eine Blume, ein mit Wasser gefülltes Glas usw. Beim Tragen der Gegenstände wird die Aufmerksamkeit nicht nur auf die Füße gerichtet, sondern auch auf die Hand, die den Gegenstand hält.

Beim Gehen auf der Linie achten die Kinder auf das Einhalten des gleichen Abstandes, damit sie nicht andere Kinder anstoßen, auf die Bewegung des eigenen Körpers und das Erfahren innerer Ruhe durch Konzentration.

Bewegung

Bereits 1943 kritisierte Maria Montessori in einem Ausbildungs-kurs in Indien, dass in der normalen Erziehung von Kindern eine Trennung zwischen geistiger und körperlicher Arbeit stattfindet, und folgerte daraus: „Es ist von grundlegender Bedeutung, dass menschliche Handlungen in ihrem Mittelpunkt, dem Gehirn, verknüpft und an ihrem jeweiligen Ort verwiesen werden. Geist und Bewegung sind zwei Teile eines einzigen Kreislaufs. Es ist von wesentlicher Bedeutung für unsere neue Erziehung, dass geistige Entwicklung sich mit Bewegung verknüpft und von ihr abhängig ist. Ohne Bewegung gibt es keinen Fortschritt und keine geistige Gesundheit."[107]

Elfriede Hengstenberg, eine Schülerin von Elsa Gindler und Hein-rich Jacoby, arbeitete bereits in den 1930er Jahren in deutschen Montessori-Schulen als Gymnastiklehrerin und erweiterte die

---

[107] Maria Montessori: Erziehung für eine neue Welt, S. 101, Herder, 1998.

Persönlichkeitsentwicklung der Kinder mit ihren besonderen Bewegungsarbeitsangeboten.[108]

Auch die Kinderärztin Emmi Pikler beschreibt in ihrem Buch die Wichtigkeit der selbstständigen und selbsttätigen Bewegungsentwicklung des Kindes.[109]

Der deutsche Psychotherapeut und Sozialpädagoge Walter Plagge entwickelte sein Konzept zur Stärkung der Persönlichkeit, zur Vorbeugung von Haltungsschäden und zur Gewalt-, Sucht- und Missbrauchsprävention auf Basis dieser Erkenntnisse. In kleinen Gruppen wird Kindern, Jugendlichen und Erwachsenen bei ihm die Möglichkeit zur Selbsterfahrung und Nachentfaltung gegeben. Der dabei beherzigte Grundsatz „Entfaltung braucht Platz, Gelegenheit, Raum und Zeit" wirkt auch in der Vorbereitete-Bewegungs-Umgebung. Geräte wie Balancierstangen, Reifen, Leitern, Balancierbretter, Kippelhölzer, Hengstenberg-Hocker, Stangen usw. – wie sie bereits Elfriede Hengstenberg in den 1930er Jahren in Montessori-Schulen in Deutschland verwendete – laden zu vielfältigen Bewegungsversuchen ein.

Ein weiterer Grundsatz ist, dass nicht bewertet wird. Die PädagogIn ist mit ihrer Aufmerksamkeit ganz bei den probierenden Kursteilnehmern, ohne die Versuche zu stören, damit viel vertrauenschaffende und vertrauenfestigende Erlebnisse gemacht werden können. So entsteht kein Leistungsdruck von außen, da sich jede/jeder nach ihrem/seinem eigenen Tempo und gemäß der eigenen inneren Sicherheit entfalten kann.

Ziel ist es, durch selbst gewählte Aktivitäten bei der Einzelarbeit und durch strukturierte Angebote bei der Gruppenarbeit weder

---

[108] Vgl. Elfriede Hengstenberg: Entfaltungen. 3. Aufl. Emmendingen: Mit Kindern wachsen Verlag, 2002.
[109] Vgl. Emmi Pikler: Laßt mir Zeit. Die selbständige Bewegungsentwicklung des Kindes bis zum freien Gehen. 3. Aufl. München: Pflaum, 2001.

gedrängt noch gebremst zu werden, in Versuchen selbstständig Schwierigkeiten und Hindernisse zu überwinden und dadurch Lösungen, die dem jeweiligen Entwicklungsstand entsprechen, zu finden.

Mit einer vertrauensvollen Grundhaltung beobachtet die PädagogIn dabei abwartend, wie jede/jeder Kursteilnehmer mit den Schwierigkeiten umgeht, und signalisiert dadurch ihre Anwesenheit und die Gewährleistung von Sicherheit. In die selbstständige Bewegungsentwicklung wird nicht eingegriffen und keine Hilfe – die unselbstständig und unsicher machen würde – gegeben.

Eine entsprechende Atmosphäre des Raumes ist maßgeblich. Dadurch können die KursteilnehmerInnen zur Ruhe kommen und konzentriert arbeiten. Starke Reize durch Farbgestaltung werden vermieden. Die Achtsamkeit der KursteilnehmerInnen wird so auf den Boden und die vorhandenen Materialien gelenkt. „Zweckmäßiger Verlauf von Bewegung, lässt sich beim Menschen an der Geräuschlosigkeit erkennen …" (Heinrich Jacoby).

Es gibt eindeutige Regeln, die im Vorhinein vermittelt und immer wieder wiederholt werden:
- Wer etwas ausprobiert, darf dabei nicht gestört werden.
- Wer sich für etwas entschieden hat, darf damit so lange arbeiten, wie er/sie möchte.
- Etwaige Konflikte werden von der Betreuerin neutral begleitet und keine Lösung wird vorgegeben. Mit der erarbeiteten Lösung müssen alle Konfliktpartner zufrieden sein.
- Die KursteilnehmerInnen dürfen mit allen Dingen, die vorbereitet sind, in ihrer Art umgehen. Der Raum ist altersentsprechend vorbereitet und somit für jede/jeden etwas zum Ausprobieren Anregendes bereitgestellt.
- Für das entsprechende Alter zu gefährliche oder zum Toben verleitende Dinge befinden sich nicht im Raum.

Didaktische Materialien:
Sprache, Schrift und Mathematik

Sprachmaterial[110]

Maria Montessori hat sich intensiv mit der Sprachentwicklung und der Sprachbildung beschäftigt. Sobald ein Kind geboren wird, ist es mit menschlicher Sprache konfrontiert. Es absorbiert die Sprache seiner Umgebung. Wenn das Kind in den Montessori-Kindergarten kommt, ist es noch mitten in der sensiblen Phase des Spracherwerbs. Es hat einen großen Worthunger und will seinen Wortschatz vergrößern. Spracherziehung ist daher in einem Montessori-Kinderhaus eine Selbstverständlichkeit.

Schon früh erwacht das Interesse des Kindes am Schreiben und Lesen. Kinder ab 3 Jahren haben eine Sensitivität für Feinmotorik und interessieren sich für Zeichen und ihre Bedeutung. Sie sehen ein „P" auf einer Parktafel oder ein „M" vor einem Lebensmittelgeschäft und möchten wissen, was dieses Zeichen heißt.

Mit den Sandpapierbuchstaben werden den Kindern, die danach verlangen, die Buchstaben gezeigt. Kennt das Kind einige Buchstaben, kann es mit dem „beweglichen Alphabet" (ein Kasten mit Buchstaben aus Holz oder Karton) Wörter legen und lautieren.

Die Spracherziehung hat ihre Voraussetzungen in den Sprachlektionen mit dem Sinnesmaterial und den anderen Materialien und Tätigkeiten. Hier erwirbt das Kind Sprache und einen immer größeren Wortschatz in Verbindung mit konkreten Handlungen.

Für die Förderung der Sprachentwicklung ist das Sprachverhalten der Leiterin (korrekte Aussprache, richtige Wortwahl, grammatikalisch richtige Sätze) von großer Bedeutung. Geschichten erzählen, Sprach- und Sprechspiele machen, dem Kind aufmerksam zuhören,

---

[110] Stefanie Holubek, Diplomarbeit.

Bücher, Bildbetrachtungen, gemeinsame Gespräche, Lieder, Gedichte usw. gehören zum Tagesablauf.

Meine Erfahrungen[111]

Ich habe mich jeden Morgen, wenn Felix (2,5 Jahre) in das Kinderhaus kam, mit ihm in das Leseeck gesetzt und ihm aus einem Gedichtbuch, das er sich selbst ausgesucht hat, vorgelesen. Er sprach zu dieser Zeit kaum ein Wort und deutete immer wieder auf sein Lieblingsgedicht, das ich ihm mehrmals hintereinander vorlas.

Eineinhalb Monate später setzte er sich mit einem Mädchen in das Leseeck und legte sich das Gedichtbuch auf den Schoß. Ich wollte ihn gerade fragen, ob ich vorlesen sollte, da hat er angefangen, das Gedicht aufzusagen. Danach legte er das Buch weg. Das Mädchen bedankte sich bei ihm, als würde sie das schon die ganze Zeit tun, und ging in einen anderen Raum. Ich musste mich sehr zurückhalten, nicht sofort auf den Beobachtungsbogen zuzuspringen.

Mathematikmaterial[112]

Maria Montessori sagt, Mathematik sei kein schwieriges Sonderphänomen, sondern etwas, das zum Menschen gehört. Überall, wo Vergleiche gezogen und Serien gebildet werden, handelt es sich um Mathematik. Wenn Kinder also vergleichen, zählen, ordnen, messen usw., handelt es sich schon um Äußerungen des mathematischen Geistes.

Im Kinderhaus knüpft das Mathematikmaterial eng an das Sinnesmaterial an. Der Zahlenraum ist in zwei Gruppen unterteilt: für das Zählen bis 10 und das Zählen ab 10.

---

111 Ebd.
112 Ebd.

Mit den rot-blauen Stangen zum Beispiel erwirbt das Kind die Zahlenbegriffe 1 bis 10 und es lernt zählen. Mit den Sandpapierzahlen lernt es die Ziffern kennen und verbindet die Namen mit den Symbolen der Zahlen von 0 bis 9. Weiterführendes Mathematikmaterial wird dem Kind gegeben, wenn es die Mengen im Zahlenraum von 1 bis 10 erkennen und zählen kann.

„Man sollte verstehen, dass sich echtes Interesse nicht erzwingen lässt. Daher sind alle Erziehungsmethoden falsch, die auf Interessenszentren basieren, die von Erwachsenen ausgewählt werden."[113]

Meine Erfahrungen[114]

Wenn die Pädagogin dem Material gegenüber Interesse und Begeisterung zeigt, sind die Kinder auch lernwillig. Die Kinder haben kein Problem mit der Mathematik, wenn sie nicht von ihren Verwandten oder einem Erwachsenen in ihrem sozialen Umfeld das Gefühl von Abneigung gezeigt bekommen. Da ich mich selbst für Mathematik interessiere und gerne mit den Kindern in verschiedenen Zahlenräumen experimentiere, hatte ich bis jetzt nur ein Kind bei einer Darbietung, das sich gegen die Mathematik gewehrt hat, da es vom Vater zu „Übungen" angehalten wurde. Das Kind war 3,5 Jahre alt.

Kosmische Erziehung[115]

Maria Montessori möchte mit ihrem Konzept der „Kosmischen Erziehung" dem Kind die Welt und die Kultur, in die es hineingeboren wird, näherbringen und ihm die Möglichkeit geben, alle Dinge, die damit zusammenhängen, kennenzulernen, wie z.B. Menschen, Tiere,

---

[113] Maria Montessori: Vorlesung in Amsterdam am 11.04.1950, in: Montessori, Heft 12/1998, S. 10.
[114] Stefanie Holubek, Diplomarbeit.
[115] Ebd.

Pflanzen, Umwelt, Geografie, Geschichte, Kunst, Musik, Theater usw.

„Um eine Vorstellung davon zu geben, was wir unter ‚Kosmischer Erziehung' verstehen, muss kurz der Hintergrund dieser Frage berührt werden, d.h. die ‚Kosmische Theorie'. Diese kennt in der ganzen Schöpfung einen einheitlichen Plan, von dem nicht nur die verschiedenen Formen der Lebewesen, sondern auch die Entwicklung der Erde selbst abhängt."[116]

„… kosmische Erziehung, welche dem Kind eine Orientierung und Hilfe im Leben gibt. Denn diese Erziehung will das heranwachsende Kind auf die Aufgabe vorbereiten, die es im Erwachsenenleben erwartet, sodass es sich in seiner Umgebung wohl fühlen wird, in der es später als unabhängiges Wesen leben muss."[117]

Meine Erfahrungen[118]

Wenn die Kinder und ich im Garten sind, untersuchen wir gemeinsam oft Pflanzen und Insekten mit Lupen, immer mit der Erinnerung, dass wir niemanden wehtun, weder Tier noch Mensch. Die Kinder können aber auch Plastikinsekten untersuchen, die in der Vorbereiteten Umgebung stehen. Auch mit Magneten experimentieren bereits die kleinsten und sind vom Magnetismus fasziniert. Die Kinder sind auch begeisterte Tänzer und freuen sich über neue Tänze. Die Kinder lernen mit den Materialien der Kosmischen Erziehung ihre Umwelt besser kennen und bekommen bereits indirekten Unterricht in den Naturwissenschaften.

---

[116] Maria Montessori: Spannungsfeld, Kind – Gesellschaft – Welt. Freiburg: Herder, 1979, S. 132.
[117] Maria Montessori: Zusammenfassung der Vorlesung am 14. April 1950. In: Montessori 1-2/1998. S. 19.
[118] Stefanie Holubek, Diplomarbeit.

Praktische Umsetzung der Pädagogik

Ein Kind braucht eine ihm entsprechende
Umgebung, damit all seine Fähigkeiten
sich durch Übung entwickeln können.

„Das Kind in der Familie" (1954), Maria Montessori

Maria Montessori war stets bemüht, ihre Pädagogik durch Beobachtung und Ausbildung von PädagogInnen an den Entwicklungsbedürfnissen des Kindes orientiert weiterzuentwickeln.

Erst in den späten Jahren ihres Lebens beschäftigte sie sich intensiv mit sehr jungen Kindern. „Es geht nicht darum, das Kind zu verändern, sondern den Erwachsenen."[119]

„Schließlich fühlt sich der Erwachsene als Schöpfer des Kindes und beurteilt gut und böse der Handlungen des Kindes nach dessen Beziehungen zu sich selbst. So wird der Erwachsene zum Maßstab von Gut und Böse. Er ist unfehlbar, nach seinem Vorbild hat sich das Kind zu richten, und alles im Kinde, was vom Charakter des Erwachsenen abweicht, gilt als ein Fehler, den der Erwachsene eilends zu korrigieren sucht.

Mit einem solchen Verhalten glaubt der Erwachsene, um das Wohl des Kindes eifrig, voll Liebe und Opferbereitschaft besorgt zu sein. In Wirklichkeit aber löscht er damit die Persönlichkeit des Kindes aus."[120]

---

[119] E. Mortimer Standing: Maria Montessori. Leben und Werk, Impulse der Reformpädagogik, Bd. 23, S. 154 ff Berlin: Lit Verlag, 2009.
[120] Ebd. S. . . .

Kinderhaus

Die Räume, in denen die Kinder ihren Tag verbringen, müssen eine ästhetisch ansprechende Umgebung mit besonders vorbereitetem pädagogischen Personal und einer besonders vorbereiteten gepflegten Umgebung sein. Freundlich, offen und hell, mit viel Platz für Bewegung, damit das Arbeiten am Boden auf den Teppichen und auf den Tischen mit kleinen Teppichen oder Tischsets in Ruhe und ohne ein arbeitendes Kind zu stören ablaufen kann.

Das besonders vorbereitete pädagogische Personal wird in unauffälliger Kleidung – um die Kinder nicht von der Umgebung und ihrer Arbeit abzulenken – und sich ruhig bewegend anwesend sein und jedem Kind durch gezielte Beobachtung zum richtigen Zeitpunkt das richtige Material anbieten, ohne es zu drängen oder unter Druck zu setzen.

Die Regeln werden allen Kindern verbal und nonverbal durch Körpersprache vermittelt:

- Wir tun niemandem weh.
- Wir achten und sorgen für andere Menschen.
- Wir achten und sorgen für Tiere.
- Wir achten und pflegen das Material und die Umgebung.
- Wir respektieren das NEIN und die Grenzen anderer Menschen.
- Wir ziehen uns zurück, wenn wir müde oder überreizt sind.

Der Tagesablauf wird immer gleich gehalten
Die Tagesorganisation ist eine wichtige Rahmenbedingung, Raum- und Zeitorientierung sind für die Kinder und besonders wichtig.

Ein Beispiel:

Bringzeit: 08.00, spätestens 08.50 Uhr. Verabschiedung der Eltern.
Jause: 08.00-10.00 Uhr
Sitzkreis: 09.00-09.20 Uhr (ca.)
Freiarbeit: 09.20-10.00 Uhr
  - Bewegungsarbeitsangebot
  - Sprachkreis
  - Mathematikkreis
  - Einzeldarbietungen
  - Musikkreis
Freiarbeit: 10.00-11.00 Uhr (Raumwechsel der Kleingruppen)
  - Bewegungsarbeitsangebot
  - Sprachkreis
  - Mathematikkreis
  - Einzeldarbietungen
  - Musikkreis
Genereller Windelwechsel aller Kinder, die noch Windeln tragen.
  Sonst wird bei Bedarf jederzeit gewechselt.
Mittagessen: 11.00/11.30-12.00 Uhr
  Alle Kinder gemeinsam oder Aufteilung in zwei Gruppen
  nach dem Grad des Hungers und der Müdigkeit.
Ruhepause: 12.00-14.00 Uhr
Genereller Windelwechsel aller Kinder die noch Windeln tragen.
  Sonst wird bei Bedarf jederzeit gewechselt.
Freiarbeit: 14.00/15.50 Uhr bzw. bis zur verlängerten Betreuungszeit
Abholphasen: 14.00-14.30 und 16.15-16.45 Uhr
Ende der Betreuungszeit: 17.00 Uhr bzw. bis zum Ende der verlängerten Betreuungszeit.

Christine Holubek • Montessori-Pädagogik

Kindgerechte Kinderbetreuungseinrichtungen

Die frühe außerhäusliche Betreuung braucht eine kindgerechte familiäre Ergänzung. Eine Betreuungseinrichtung muss folgende Kriterien aufweisen:

- Die Umgebung muss den Entwicklungsbedürfnissen der Kinder entsprechen
- Die Einrichtung muss den Kindern Möglichkeiten zum selbstständigen und selbsttätigem Tun geben
- Es muss Regeln und eine Ordnung vohanden sein, die auch von den Familien zum Wohl der Kinder eingehalten werden
- Ritualisierung
- Geregelter Alltag
- eine erweiterte Umgebung um die Innenräume, ein anpassungsfähiger Garten oder ein Innenhof/eine Terrasse
- Die Angebote dürfen nie zwingend sein
- Junge Kinder wählen oft lieber Innenräume, da diese bessere Bewegungsmöglichkeiten bieten
- Die Kleidung muss Bewegung zulassen
- Erwachsenenbedürfnisse der Eltern hintanstellen – die Bedürfnisse der Kinder zählen
- Schutz der Kinder vor Menschen, die deren persönliche Sphäre stören[121]
- Schutz vor Übergriffen und Missbrauchsprävention.
- Pflege der Atmosphäre
- emotional stützend
- einen sprachanregenden Alltag
- Förderangebote für Fein- und Grobmotorik
- begrenzte Auswahl von Arbeits- und Spielmaterialien – Schutz vor Überreizung
- kindgerechte Darbietung der Materialien

---

[121] Claudia Schäfer, Kleinkinder fördern mit Maria Montessori, S. 61 ff, Herder, 2006,.

- freier und sicherer Zugang zu den Materialien – altersentsprechend
- Sorge für sich selbst fördern und fordern – Essen, Gesundheitspflege, Ruhe
- Regeln ohne Verbote, ohne Belohnung, ohne Bestrafung
- freie Wahlmöglichkeit für das Kind, sich auszuruhen, aktiv zu sein oder in offensichtlicher Ruhe zu beobachten

Respekt vor der Person und Persönlichkeit des Kindes

- Keine zielgerichtete, demütigende „Sauberkeitserziehung"
- Achtsamer Umgang
- Keine zu schnellen Bewegungen
- Ansprache auf Augenhöhe
- Keine zu laute Ansprache
- Schutz der Intimsphäre des Kindes
- Berührungen nur mit Einverständnis des Kindes
- Aufbau einer vertrauensvollen und konstanten Beziehung zwischen Kind und dem Betreuungspersonal
- Klares Erkennen von wirklichen Bedürfnissen des Kindes, kein Zwang zu Erwachsenenbedürfnissen

Überschaubarkeit der Einrichtung

- Kleine Gruppen, max. 15 Kinder und 2-3 BetreuerInnen
- Eltern-begleitete und Bezugspersonen-orientierte Eingewöhnung
- Individuelle, auf das einzelne Kind und deren Bezugspersonen abgestimmte Zusammenarbeit
- Respektvolle Zusammenarbeit von Eltern mit dem Personal
- Männliches Personal – Teamarbeit an einem wertschätzenden Umgang miteinander und damit Vorbildwirkung
- Sorge für das Betreuungspersonal – Supervision und ausreichend Erholungszeiten

Christine Holubek · Montessori-Pädagogik

Checkliste für Eltern: „Was will ich/wollen wir wirklich?"

- Bin ich wirklich bereit, mein Kind loszulassen (unterbewusst)?
- Wie sehr leide ich unter der Trennung von meinem Kind?
- Wie gut kann ich mit der Selbstständigkeit meines Kindes umgehen?
- Vertraue ich meinem Kind? („Du schaffst das, ich weiß das!")
- Vertraue ich den PädagogInnen?
- Habe ich mich über die pädagogische Ausrichtung der Kindergruppe ausreichend informiert?
- Sind mir die Grenzen zwischen den Bedürfnissen meines Kindes und meinen eigenen Bedürfnissen wirklich klar?
- Kann ich das Betreuungs- und Bildungsangebot mit meinem Partner gemeinsam vertreten?
- Gibt es Einflüsse von außen (Familie, Freunde), die mich eventuell zum Aufgeben bewegen könnten?
- Können wir uns/kann ich mir die Betreuung finanziell leisten?
- Ist der Anfahrtsweg überdacht und zeitlich schaffbar (Witterung, Krankheit)?
- Wer holt das Kind ab, wenn beide Elternteile nicht können?
- Welche einschneidenden Kindheitserinnerungen kommen mir/uns in den Sinn?

Eingewöhnung

- 3 Tage mit der/den Hauptbezugsperson/en (Eltern)
- 3 Monate Eingewöhnung des Kindes: Suche des Platzes in der Gruppe und Orientierung
- Kinder werden in dieser Phase meist krank durch hohe Stressbelastung (Schnupfen, Zahnen)

In erster Linie brauchen Eltern Zeit, um Vertrauen zu den betreuenden Pädagoginnen und Pädagogen fassen zu können. Wenn sie einige Tage miterleben, dass es ihrem Kind wirklich gut geht, der Trennungsschmerz oft ihr eigener und ein vom Kind nur gespiegelter ist und wenn die Aufgabe der dauernden Kontrolle über das Kind in ein Gefühl von Sicherheit übergeht, dann kann die wirkliche Eingewöhnung des Kindes gut laufen.

Diese Eingewöhnung des Kindes dauert mindestens 3 Monate. In diesen Monaten sucht und findet das Kind seinen Platz in der Gruppe. Es testet Grenzen aus und wird sich zuhause oft gegenteilig verhalten, was dann bei den Eltern für Verwirrung sorgt.

Und es wird sicher in den ersten 3 bis 5 Wochen krank. Hier ist die Symptompalette vom „Zahnen" über Schnupfen, Brech-Durchfall bis zu Kinderkrankheiten sehr groß und die Ansteckung oft nicht erkennbar.

Da das Kind vieles bewältigen muss, ist sein Ruhebedürfnis sehr groß. Viele Kinder, auch ältere, schlafen plötzlich zu Mittag wieder. Sie sind viel schneller müde als zuhause. Außerdem braucht jedes Kind etwas, um sich zu beruhigen, für manche ist es der Schnuller, ein Kuscheltier, ein Tuch oder nur ein sicherer Tagesablauf (Rituale) mit klaren Menschen und Regeln.

Gerade die ersten Jahre bis zum Schuleintritt sind von enormen Wachstumsschüben und Gehirnwachstum begleitet – eine für uns Erwachsene geheimnisvolle Welt, der wir schon lange entwachsen sind.

Manche Eltern meinen es gut und schaffen Montessori-Material an. Da aber der Umgang damit häufig nicht klar ist und die Kinder entweder im Kinderhaus oder zuhause damit arbeiten/spielen, tritt schnell Enttäuschung auf. Das Montessori-Material wird dann gar nicht angesehen oder zerstört. Kinder erleben das Kinderhaus als Lebensraum mit großer Vielfalt und sind stolz, so wie ihre Eltern „arbeiten zu gehen". Manche sehen das Kinderhaus auch als Schule. Da dieser Begriff im deutschsprachigen Raum nicht gebräuchlich ist, machen Erwachsene oft abwertende Bemerkungen. Leider ist für viele Menschen ihre Arbeit eine mühsame Last und kein Spiel, das

Freude macht. So beneiden sie oft unterbewusst ihre Kinder, da sie meinen, Kindheit sei eine unbeschwerte Zeit.

Wenn wir Kinder beobachten, ihr Wachsen und ihre körperliche und geistige Entwicklung begleiten, ist es wirklich erstaunlich, was sie leisten. Wir sollten uns glücklich schätzen, diese täglichen kleinen Wunder erleben zu dürfen, und nicht mit unseren Ansprüchen Kinder zu schnell „erwachsen machen". Entwicklung braucht Zeit, Raum und viel Liebe.

Altersstrukturen: 1. Jahr bis Schuleintritt

Meist finden die Kinder selbst zu einer natürlichen Gruppenbildung durch gleiche Entwicklungsbedürfnisse, manchmal auch altersabhängig.

Ein großzügiges Raumangebot erleichtert das Zusammenleben. Gerade jüngere Kinder brauchen viel Platz für räumliche Erfahrung. Auch genügend Personal ist für eine gute Betreuung sehr wichtig. Ein Betreuungsschlüssel 5 Kinder/1 PädagogIn bei jungen Kindern und 7 Kinder/1 PädagogIn bei älteren Kindern sollte Standard sein. Diese Gruppengröße nimmt dann auf eine gut erträgliche Personenanzahl von Menschen Rücksicht.

Das Raumangebot, das sich an Themen wie dem täglichen Leben, Sprache, Mathematik & Naturwissenschaften (Kosmische Erziehung) sowie Bewegung & Gruppenarbeit sowie an Kreativität (Musik, Malen, Werken) orientiert, muss auch Rückzugsmöglichkeiten berücksichtigen.

Organisation des Tagesablaufs

Die Organisation des Tagesablaufes orientiert sich an den Bedürfnissen der zu betreuenden Kinder.

Die „Hausordnung" muss den Eltern bekannt sein und von den

PädagogInnen strikt vertreten werden. Dazu gehört pünktliches Bringen und Abholen der Kinder, achtsamer und respektvoller Umgang miteinander sowie eine achtsame Sprache („gewaltfreie Kommunikation") der Erwachsenen untereinander unter Beachtung der Körpersprache. Inkongruentes Verhalten wird von Kindern sofort erkannt und verunsichert sie. Manchmal reagieren sie daher mit Verweigerung aus unersichtlichen Gründen.

Die Stellung des Kindes

Die wirklichen Entwicklungsbedürfnisse des Kindes stehen im Mittelpunkt. Es ist besonders wichtig, dass Erwachsene niemals Verantwortung an das Kind abgeben, das diesem nicht zukommt. Ein achtsamer Umgang miteinander, auch in Zeiten von Konflikten und Problemen (Trennungsprobleme der Eltern), erleichtert das Leben.

Unsere Gesellschaft ist von vielen Vorschriften geprägt, von dem, was „man tut". Hier ist darauf zu achten, dass es zu keiner Schädigung durch Überforderung der Kinder kommt. Z.B. treten bei der Sauberkeitserziehung plötzlich Verwandte und Bekannte auf, die alles besser wissen. Aber Gehirnreife und das damit verbundene „Sauber-Werden" entsteht im Verborgenen und ganz ohne Zutun von Erwachsenen. Aber bei Druck und Angstmacherei kann es später zu Problemen wie Bettnässen und ADHS kommen. Bereits Emmi Pikler schreibt zu diesem Thema einiges in ihrem Buch „Zufriedene Babys, zufriedene Mütter". Genauso ist das Abgewöhnen des Schnullers ein Thema vieler „Experten", die es gut meinen. Selbst eine Zahnfehlstellung ist mit einigen osteopathischen Behandlungen ohne „Kratzer auf der Seele des Kindes" korrigierbar. Es ist dann auch wirklich super, wenn das Kind nicht schon in der Grundschule zu rauchen beginnt.

Eltern als Partner des Kinderhauses

Zu einer besonderen Betreuung junger Menschen wie dem Montessori-Kinderhaus gehört auch die Zusammenarbeit mit den Familien. Oft werden Aussagen der Kinder oder ihr Verhalten nur im Gespräch bzw. durch die Kenntnis von Ereignissen (in der Familie, im Kinderhaus, Vorstellungen des Kindes im Zusammenhang mit Gehörtem, Bücher) erklärbar und dadurch verständlich. Manchmal bringen Entwicklungsschritte neue Verhaltensweisen, die dann für alle, die mit dem Kind zusammen sind, wichtige Informationen darstellen. Daher sind sie immer wertneutral zu sehen.

Es ist besonders wichtig für Eltern und PädagogInnen, dass eine ergänzende Betreuungs- und Bildungsarbeit, niemals ein Ersatz der Familie angestrebt wird.

Im **Elternforum** gibt es eine besondere Austauschmöglichkeit zwischen den Eltern. Ein Angebot für den guten Austausch sind Elterngespräche, die einerseits zur Information und andererseits zum besseren Kennenlernen von Eltern und Betreuerinnen und Betreuern genutzt werden können. Es darf nie zu gegenseitigen Schuldzuweisungen kommen. Gegebenenfalls ist ein/e MediatorIn hinzuzuziehen.

Feste (Sommer, Winter/Herbst) bieten den Familien die Möglichkeit, Freunden, Verwandten, Bekannten und allen anderen interessierten Menschen das Kinderhaus zu zeigen, die Betreuerinnen und Betreuer in einer entspannten Atmosphäre zu erleben und aktiv etwas für das Kinderhaus zu tun.

Elternabende finden meist zu Beginn des Kinderhaus-Jahres und bei Bedarf zu bestimmten Themen statt.

Ergänzung bietet die **Eltern- und Erwachsenenbildung** Vorträge, Kurse und Seminare zu Themen der Montessori-Pädagogik, der Entwicklungspädagogik und vielen anderen Themen rund um die Familie an.

Andere Fachkräfte wie SupervisorInnen, MedizinerInnen, TherapeutInnen und andere ergänzen idealerweise das Kinderhausangebot.

Sollten jedoch diese Gesamtangebote für Familien nicht passen und es auch durch Gespräche zu keiner Einigung kommen, dann ist zum Schutz des Kindes das Betreuungsverhältnis zu beenden. Jede Familie sollte unbedingt ihren eigenen Weg gehen und das Beste für das Kind suchen.

Pädagoginnen und Pädagogen

Im Kinderhaus wird nach den Grundsätzen der Pädagogik Maria Montessoris, der von ihr entwickelten Umgangsweise mit Menschen jeden Alters und mit von ihr entwickelten und seitdem weiterentwickelten Entwicklungsmaterialien gearbeitet.

Ein besonderes Merkmal der Arbeit mit dem Montessori-Material ist dessen Ästhetik. Das Material muss immer gepflegt und in optimalem Zustand gehalten werden, da sonst seine Funktion eingeschränkt und die Lernmöglichkeiten für die Kinder nicht gegeben sind.

Weiter ist das pädagogische Personal angehalten, sich selbst zu pflegen und die Kleidung unauffällig und schmucklos zu halten, damit die Kinder nicht abgelenkt werden. Auch die vorbereitete Umgebung sowie der Essensbereich sind zu pflegen und in Ordnung zu halten.

Durch regelmäßige Fortbildung ist die fachliche Kompetenz der Pädagoginnen und Pädagogen gesichert. Neben der behördlichen Kontrolle werden regelmäßig Kontrollen zur Erhaltung des Standards durchgeführt und von SupervisorInnen begleitet.

Dieses ganzheitliche Konzept ist aufbauend und deckt den Bildungsbereich von 0 bis ca. 12/13 Jahren im konkreten Bereich ab. Also die gesamte Lebenszeit, in der Kinder unbedingt konkrete Erfahrungen brauchen, um später abstrakt handeln und wissenschaftlich arbeiten zu können. Die Bewegungsarbeitsangebote wirken gegen Gewalt, Missbrauch und Sucht präventiv, gesundheitsvorsorgend und unfallverhütend.

Das Umfeld der Einrichtung

Das Umfeld der Einrichtung ist für das Kind die Familie, Freunde, Bekannte und Familienaktivitäten, die mit dem Kinderhaus zusammenhängen.

Mit dem Umfeld der Einrichtung sind in erster Linie Aktivitäten mit der Familie, Freunden und Bekannten angesprochen.

Als erweitertes Umfeld für ältere Kinder des Kinderhauses, ist die altersentsprechend und kindgerechte Zusammenarbeit mit Betrieben (Handwerker, Polizei, Rettung, Feuerwehr) wichtig, um Berufe kennenzulernen. Eine andere Möglichkeit ist, diese in das Kinderhaus zu holen bzw. zu Festen einzuladen.

Ausflüge und Ausgänge müssen alteresentsprechend und kindgerecht gestaltet werden.

Jegliche Überforderung ist dabei zu vermeiden, da zusätzliche Aktivitäten der Familie noch hinzukommen. Daher ist es wichtig, dass das Kinderhaus über Familienaktivitäten grob informiert wird.

Montessori-Schule

Natürlich ist es nach dem Montessori-Kinderhaus für die Entwicklung des Kindes vorteilhaft, in eine geeignete Montessori-Schule zu wechseln. Der Kontakt zu anderen Montessori-Schulen wird im Jahr vor dem Schuleintritt eventuell durch das Kinderhaus bzw. durch die Eltern, die vom Kinderhaus geeignete Informationen erhalten, aufgenommen.

Es ist jedoch besonders wichtig, als Familie diesen Beschluss gemeinsam zu treffen und im Vorhinein in mehreren Schulen zu hospitieren. Manchmal geraten Eltern durch Verwandte, Freunde und ihr berufliches Umfeld stark unter Druck. Dies wirkt sich dann schädlich auf die Entwicklung des Kindes aus, da Leistungsdruck individuelle Entwicklung verhindert. So ist es oft besser, einen anderen Schultyp zu wählen, mit dem alle Familienmitglieder einverstanden sind. Häufig kommt noch eine hohe finanzielle Belastung dazu. Für die Entwicklung des Kindes ist es enorm wichtig, zu klären, was dessen Entwicklungsbedürfnisse sind. Auch eventuelle Leistungseinbrüche durch Wandlungsphasen wie Pubertät, Krisen der Eltern werfen viele Fragen auf.

Transition

Die erste Übergangsphase, die ein Kind erlebt, ist die Betreuung durch fremde Personen (Kindermädchen, Babysitter), danach der Eintritt in eine Kindergruppe oder einen Kindergarten (der Unterschied ist die Gruppengröße) und später in die Volksschule (Grundschule).

Die Übergangsphase von der Kindergruppe bzw. vom Kindergarten in die Schule erfolgt in enger Zusammenarbeit mit den Eltern und anderen Bildungspartnern. Mit besonderen Angeboten aus der Montessori-Pädagogik und der Bewegungsarbeit zur Persönlichkeitsentwicklung sind die Kinder auf viele mögliche Veränderungen in ihrem Leben vorbereitet und entwickeln große Widerstandskraft (Resilienz).

Die Zusammenarbeit wird bevorzugt mit Schulen, die Montessori-Pädagogik anbieten, bzw. nach Bekanntgabe der Schule durch die Eltern durchgeführt. Die Kinder werden bestmöglich auf die neue Situation vorbereitet.

Werden in der Kindergruppe oder im Kindergarten besondere Bedürfnisse bei Kindern festgestellt, die nicht durch die

PädagogInnen im Kinderhaus abgedeckt werden können, werden die Familien an psychologische, medizinische, therapeutische Fachkräfte verwiesen. Bei innerfamiliären Problemen wie Trennung der Eltern, Todesfall einer Hauptbezugsperson wird Unterstützung angeboten.

Um Kontakte zu anderen Menschen aus der Gesellschaft herzustellen, bilden Angebote von externen Bildungspartnern wie Kurse für Kinder und Eltern bzw. Fortbildungsangebote für Erwachsene eine hilfreiche Ergänzung und eine Vorbereitung auf neue Betreuungsumfelder.

Bildungspläne

Um im elementaren Bildungsbereich Einrichtungen an gleichen Standards pädagogischer Qualität (Methodenfreiheit) messen zu können, wurden in Österreich 2009 der Bundesrahmenbildungsplan und darauf gründend die Bildungspläne der einzelnen Bundesländer entwickelt. Es wird Diversität, eine Vielfalt der pädagogischen Ansätze und die Einbeziehung standortbezogener Bedürfnisse angestrebt. Außerdem eine Kontrolle – Evaluierung – durch Aufzeichnung der Entwicklungsbeobachtungen der Kinder, regelmäßige, qualitativ hochstehende Weiterbildung der Pädagoginnen und Pädagogen in der Einrichtung (Eigen- und Fremdevaluierung) sowie durch einen Dialog zwischen Bildungspartnerinnen und Bildungspartnern und externen Evaluierungsverfahren.

Die Montessori-Pädagogik stellt daher als ganzheitliches kindgerechtes Gesamtkonzept eine langjährig erprobte Methode zur Umsetzung des Bundesrahmenbildungsplanes sowie des Wiener und des Niederösterreichischen Bildungsplanes dar.

Das Materialangebot entspricht den konkreten und abstrakten Entwicklungsbedürfnissen und Interessen von jungen Menschen von 0 bis 12/13 Jahren bis ins Erwachsenenalter. Die Kinder werden in Planungsprozesse eingebunden und können so eigene Zeit- und

Raumbedürfnisse einbringen. Gleichwertigkeit der Geschlechter und damit Diversität ist somit das Grundprinzip der Betreuungs- und Bildungsarbeit, der Elternarbeit und der Personalpolitik. Daher wird besonderer Wert darauf gelegt, dass sowohl weibliches als auch männliches pädagogisches Personal die Kinder betreut.

Das Raumangebot sollte unbedingt sehr großzügig gestaltet sein, damit Konflikten vorbeugend entgegengewirkt werden kann und eine freie Platzwahl (Tisch oder Arbeitsteppiche am Boden) möglich ist.

Zur Qualitätssicherung und Transparenz der Umsetzung werden schriftliche Beobachtungsaufzeichnungen, Portfolioarbeit der Kinder, Elternarbeit und Zusammenarbeit mit Weiterbildungseinrichtungen sowie den zuständigen Behörden eingesetzt.

Weiterführende Schulen und deren Anerkennung

In Österreich ist derzeit ein Besuch einer Montessori-Schule nach dem österreichischen Schulrecht nur bis zur Erfüllung der Schulpflicht mit Öffentlichkeitsrecht anerkannt. Es gibt jedoch Schulen, die mit öffentlichen Partnerschulen zusammenarbeiten, an denen die SchülerInnen am Endes des Schuljahres eine gesetzlich anerkannte Prüfung über den Jahresstoff ablegen und so bis zur Matura gelangen können.

Es ist aus Sicht der Eltern wichtig, genaue Infos über die Schule – eventuell beim Landes- oder Stadtschulrat – einzuholen, um schon im Vorfeld über das Öffentlichkeitsrecht der Schule orientiert zu sein. Alle Infos und Nachweise über die Schullaufbahn müssen schriftlich eingefordert werden.

Eine Montessori-Schule mit Matura zu besuchen, ist nach der derzeitigen Gesetzeslage (2011) nicht möglich, dazu wäre eine Gesetzesänderung durch das Parlament notwendig.

Nachwort

Es ist an der Zeit, unseren Kindern alle Möglichkeiten zur besten Entwicklung ihrer Entwicklungsbedürfnisse und Fähigkeiten zu bieten. Das erste Kinderhaus, die Casa dei Bambini, wurde 1907 in Rom gegründet. Somit setzt die Montessori-Pädagogik bereits über 100 Jahre in Form von Kinderhäusern und Schulen auf der ganzen Welt um, was heute Neurobiologen und die moderne Lernforschung bestätigen: Gleichwertigkeit der Geschlechter und keine Gleichmacherei. Wahrnehmen von individuellen Bedürfnissen und gemeinsame Arbeit an der Gesellschaft.

Mit etwas Mut könnte das Bildungssystem in Österreich, so wie es uns nordische Staaten Europas vorleben, unseren Kindern ein besseres Leben ermöglichen und auch der Wirtschaft viele Chancen eröffnen.

Mit den folgenden Worten Gerald Hüthers über Irrungen und Wirrungen des Lebens wünsche ich allen Familien das Glück, die Hoffnung und die Freude, die jedes Kind in die Welt bringt:

„Wer allzu lange in den eingefahrenen Bahnen seines Denkens, Fühlens und Handelns vorwärtsjagt, mag wohl eine Zeit lang schnell vorankommen. Aber je länger und besser er auf diese Weise vorankommt, desto mehr entfernt er sich dabei auch von den anderen, desto schwerer fällt es ihm später, wenn er aus seinem Geschwindigkeitsrausch erwacht oder gar schon gegen die Wand gerast ist, noch einen Neubeginn zu wagen und nach Wegen zu suchen, die ihn wieder zu den anderen zurückführen. Deshalb ist Erfolg gefährlicher, als man gemeinhin denkt, vor allem dann, wenn er sehr groß ist und längere Zeit anhält."

Mit diesen Worten beginnt Gerald Hüthers aufrüttelnde Bestands-
aufnahme unseres Gesellschaftssystems. Die Zukunft zeichnet er
sehr drastisch, doch endet er mit einem Schimmer Hoffnung:

„Es kann sein, dass wir die Welt in Zukunft noch unwirtlicher und
unser Zusammenleben noch schwieriger machen. Solange aber immer noch Kinder in diese Welt hineingeboren werden, trägt jedes dieser Kinder ein Stück der Kraft zu einem Neubeginn mit in diese Welt.
Wie eine klare Quelle spülen sie immer wieder neues, klares Wasser
in den Lebensstrom jeder einzelnen Familie und jeder menschlichen
Gemeinschaft. Deshalb gibt es, solange Kinder geboren werden, auch
noch Hoffnung."[122]

Ich danke meiner Tochter Stefanie für die wunderbaren Einblicke in
das Paradies der Kindheit und die geniale Leistung einer gut bewäl-
tigten Kindheit und Jugend. Eine junge Erwachsene an meiner Seite
in Familie und Beruf. Dank auch dafür, dass ich ihre Montessori-
Diplomarbeit in dieses Buch integrieren durfte.

Ich danke den vielen Kindern, die mir in meiner Arbeit als Montessori-Pädagogin Entwicklungsmöglichkeiten gaben und meine Grenzen aufzeigten.

---

[122] Gerald Hüther, Inge Krens: Das Geheimnis der ersten neun Monate. Unsere frühesten Prägungen,
S. 137 Weinheim: Beltz, 2008.

Literaturverzeichnis

Montessori-Pädagogik:

Egger, Maria: Montessori hatte Recht. Die Bedürfnisse von Kindern aus neurobiologischer Sicht. Norderstedt: BoD, 2004

Kramer, Rita: Maria Montessori. Leben und Werk einer großen Frau. Frankfurt am Main: Fischer 2004

Ludwig, Harald; Fischer, Christian: Fischer, Reinhard, Klein-Landeck, Michael: Musik – Kunst – Sprache. Impulse der Reformpädagogik, Bd. 13, Berlin u.a.: LIT Verlag, 2006

McTamaney, Catherine: Das Tao von Montessori. Freiamt im Schwarzwald: Arbor, 2008

Montessori, Maria: Kinder sind anders. 14. Auflage. Klett-Cotta: Stuttgart, 2009

Montessori, Maria: Erziehung für eine neue Welt. Kleine Schriften, Band 5. Freiburg: Herder, 1998

Montessori, Maria: Schule des Kindes. Montessori-Erziehung in der Grundschule. Freiburg: Herder, 1976

Montessori, Maria: Die Entdeckung des Kindes. Freiburg: Herder, 1969

Montessori, Maria: Grundlagen meiner Pädagogik. 9. Aufl. Wiesbaden: Quelle und Meyer, 2005

Montessori, Maria: Gott und das Kind. 2. Auflage, Freiburg: Herder, 1991

Montessori, Maria: Die Macht der Schwachen, Herder, 1989

Montessori, Maria: Spannungsfeld, Kind – Gesellschaft – Welt. Freiburg: Herder, 1979

Montessori, Maria: Zusammenfassung der Vorlesung am 14. April 1950. In: Montessori 1-2/1998

Montessori, Mario M.: The Human Tendencies and Montessori Education (1972). Deutsche Übersetzung: Grundlegende Strukturen menschlichen Verhaltens und Montessori Erziehung. In: Das Kind, Sonderheft 2008. Deutsche Montessori Gesellschaft e.V.

Schäfer, Claudia: Kleinkinder fördern mit Maria Montessori, Herder, 2006

Standing, E. Mortimer: Maria Montessori. Leben und Werk, Impulse der Reformpädagogik, Bd. 23, Berlin u.a.: Lit Verlag, 2009

Seldin, Tom: Kinder fördern nach Montessori (Originaltitel: How to raise an amazing child). München: Dorling Kindersley Verlag, 2007

Bewegungsarbeit:

Biedermann, Walter: Entfaltung statt Erziehung. Die Pädagogik Heinrich Jacobys. Freiamt im Schwarzwald: Arbor, 2003

Elfriede Hengstenberg: Entfaltungen. 3. Aufl. Emmendingen: Mit Kindern wachsen Verlag, 2002

GEO Wissen: S. 25, „Was Kinder krank macht", Nr. 9/07.

Jacoby, Heinrich: Jenseits von „Begabt" und „Unbegabt". Hamburg: Christians Verlag, 1980

Ludwig, Sophie: Gindler Elsa – von ihrem Leben und Wirken. Wahrnehmen, was wir empfinden. Hamburg: Christians Verlag, 2002

Emmi Pikler: Laßt mir Zeit. Die selbständige Bewegungsentwicklung des Kindes bis zum freien Gehen. 3. Aufl. München: Pflaum, 2001.

Zeitler, Peggy: Erinnerungen an Elsa Gindler, aus den Schriften der Sensory Awarness Foundation, München: R. Zeidler Verlag, 1991

Gehirnforschung & Neurobiologie:

Brizendine, Louann: Das weibliche Gehirn. Warum Frauen anders sind als Männer. Hoffmann und Campe: Hamburg, 2008

Brizendine, Louann: Das männliche Gehirn. Warum Männer anders sind als Frauen. Hoffmann und Campe: Hamburg, 2010

Hüther, Gerald: Bedienungsanleitung für ein menschliches Gehirn. Göttingen: Vandenhoeck & Ruprecht, 2006

Hüther, Gerald: Die Macht der inneren Bilder. Wie Visionen das Gehirn, den Menschen und die Welt verändern. Göttingen: Vandenhoeck & Ruprecht, 2010

Hüther, Gerald: Biologie der Angst. Wie aus Stress Gefühle werden. Göttingen: Vandenhoeck & Ruprecht, 2009

Hüther, Gerald: Die Evolution der Liebe. Was Darwin bereits ahnte und die Darwinisten nicht wahrhaben wollen. Göttingen: Vandenhoeck & Ruprecht, 2007

Hüther, Gerald; Krens, Inge: Das Geheimnis der ersten neun Monate. Unsere frühesten Prägungen. Weinheim: Beltz, 2008.

Spitzer, Manfred: Lernen, Gehirnforschung die Schule des Lebens. München: Spektrum Akademischer Verlag, Elsevier, 2007

Storch, Maja; Hüther, Gerald: Embodiment. Bern: Verlag Hans Huber, 2006

Erziehung:

Becker-Textor, Ingeborg: Kindergarten 2010. 3. Aufl. Freiburg: Herder, 1995

Juul, Jesper: Das kompetente Kind. Reinbek: Rowohlt, 2003

Juul, Jesper: Vom Gehorsam zur Verantwortung. Für eine neue Erziehungskultur. Düsseldorf: Patmos Verlag, 2004

Molcho, Samy: Körpersprache der Kinder. München: Goldmann Verlag, 1996

Molcho Samy: Körpersprache. München: Goldmann Verlag, 1995

Pikler, Emmi: Friedliche Babys – zufriedene Mütter, Herder: Freiburg, 2009.

Psychologie:

Csíkszentmihályi, Mihály: Dem Sinn des Lebens eine Zukunft geben. 3. Aufl. Stuttgart: Klett-Cotta, 2005

Frick, Jürg: Die Kraft der Ermutigung. Grundlagen und Beispiele zur Hilfe und Selbsthilfe. 1. Auflage, Bern: Verlag Hans Huber, 2007, S. 298.

Bildung von staatlicher Seite:

Wiener Kindergärten (MA 10) (Hrsg.): Bildungsplan für Wiener Kindergärten. Wien: Holzhausen, 2010.

Zur Autorin:

Christine Holubek,
geb. 1958 in Wien, Österreich.
Ihr beruflicher Werdegang änderte sich mit der Geburt ihrer Tochter und mündet in eine bereits über 20-jährige Berufserfahrung als Montessori-Pädagogin und Montessori-Kinderhausleiterin.